생활 속 문장으로 배우는 중국어 작문

중국어
작문
트레이닝

시원스쿨어학연구소 기획
안태정·시원스쿨어학연구소 지음

S 시원스쿨닷컴

중국어 작문 트레이닝

초판 1쇄 발행 2021년 7월 23일
초판 6쇄 발행 2025년 2월 14일

지은이 안태정 · 시원스쿨어학연구소
펴낸곳 (주)에스제이더블유인터내셔널
펴낸이 양홍걸 이시원

홈페이지 china.siwonschool.com
주소 서울시 영등포구 영신로 166 시원스쿨
교재 구입 문의 02)2014-8151
고객센터 02)6409-0878

ISBN 979-11-6150-501-5
Number 1-410301-05051806-04

이 책은 저작권법에 따라 보호받는 저작물이므로 무단복제와 무단전재를 금합니다. 이 책 내용의 전부 또는 일부를 이용하려면 반드시 저작권자와 ㈜에스제이더블유인터내셔널의 서면 동의를 받아야 합니다.

생활 속 문장으로 배우는 중국어 작문

중국어
작문
트레이닝

시원스쿨어학연구소 기획
안태정·시원스쿨어학연구소 지음

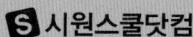

Contents

Chapter 01 문자 메시지 쓰기 (1) 새해 인사   8
어법 트레이닝   就要……了 / 접속사 和 / 전치사 在+시간

Chapter 02 문자 메시지 쓰기 (2) 감사 인사   14
어법 트레이닝   동태조사 了 / 以为 / 既……又……

Chapter 03 문자 메시지 쓰기 (3) 약속 취소   20
어법 트레이닝   是因为…… / 一直+술어+到 / 연동문 (1)

Chapter 04 카드 쓰기 생일 축하 카드   26
어법 트레이닝   不管怎么样都…… / 什么……什么…… / 一点儿

Chapter 05 편지 쓰기 어버이날 편지   32
어법 트레이닝   因为…… / 겸어문 让 / 구조조사 地

Chapter 06 댓글 쓰기 유튜브 영상   38
어법 트레이닝   除了……以外 / 怎么能…… / 被자문

Chapter 07 SNS 피드 쓰기 (1) 새해 다짐   44
어법 트레이닝   시량보어 / 동태조사 着 / 不要

Chapter 08 SNS 피드 쓰기 (2) 일상 공유   50
어법 트레이닝   정도보어 / 부사 在 / 수사+양사+명사

Chapter 09 브이로그 자막 쓰기 (1) 직장인 일상   56
어법 트레이닝   방향보어 / 결과보어 (1) / 虽然……但……

Chapter 10 브이로그 자막 쓰기 (2) 여행 기록   62
어법 트레이닝   为了 / 一片 / 变得

Chapter 11 게시글 쓰기 (1) 인터넷 쇼핑몰 상품 관련 문의   68
　　　　　어법 트레이닝　명사를 만드는 的 / 可以 / 一下

Chapter 12 게시글 쓰기 (2) 중고마켓 중고 제품 팔기   74
　　　　　어법 트레이닝　동량보어 / 趁 / ……的话

Chapter 13 이메일 쓰기 (1) 예약 취소 메일   80
　　　　　어법 트레이닝　전치사 于 / 由于 / 因此

Chapter 14 이메일 쓰기 (2) 업무 관련 메일   86
　　　　　어법 트레이닝　把자문 / 若 / 与……联系

Chapter 15 블로그 쓰기 (1) 요리 레시피   92
　　　　　어법 트레이닝　只要 / 연동문 (2) / 所有

Chapter 16 블로그 쓰기 (2) 드라마 리뷰   98
　　　　　어법 트레이닝　与其……不如…… / 从……开始 / 동사 중첩

Chapter 17 블로그 쓰기 (3) 제품 리뷰   104
　　　　　어법 트레이닝　겸어문 使 / 值得 / 결과보어 (2)

Chapter 18 다이어리 쓰기 (1) 코로나 일상   110
　　　　　어법 트레이닝　因……而…… / 全 / 光

Chapter 19 다이어리 쓰기 (2) 재테크   116
　　　　　어법 트레이닝　该……了 / 以来 / 毫不

Chapter 20 다이어리 쓰기 (3) 미니멀 라이프   122
　　　　　어법 트레이닝　对……来说 / 多了 / 用……来……

부록　　　모범 답안   128

이 책의 구성과 활용

Step 1   단어 트레이닝
작문을 하기에 앞서 원어민 음성과 함께 본문에 나오는 새로운 단어를 익힙니다.

Step 2   작문 워밍업
원어민 음성을 듣고 학습한 단어를 활용하여 우리말에 맞게 중국어로 작문해 봅니다.

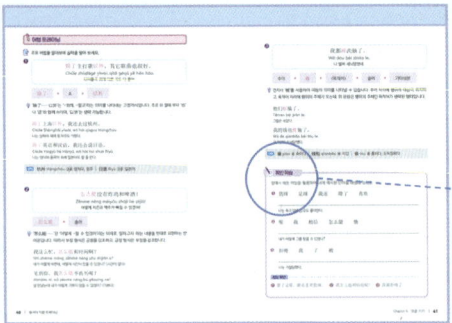

Step 3   어법 트레이닝
주요 어법을 학습하며, 이를 활용한 다양한 예문을 함께 익힙니다.

확인 학습
학습한 어법을 활용하여 순서 배열 문제를 풀어 봅니다.

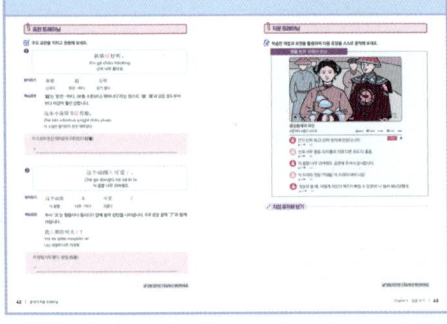

Step 4   표현 트레이닝
주요 표현을 학습하며, 중국어의 문장 구조를 익힙니다.

Step 5   작문 트레이닝
학습한 어법과 표현을 활용하여, 직접 중국어로 작문해 봅니다.

🎧 MP3 무료 다운로드

china.siwonschool.com

홈페이지 접속 ▶ 학습 지원 센터 ▶ 공부 자료실에서 다운로드 받으실 수 있습니다.

중국어의 문장 부호

逗号 dòuhào 쉼표	，	문장 안에서 잠시 멈출 필요가 있을 때, 절과 절 사이를 연결해줄 때 사용합니다.
		如果你遇到什么困难，就来找我。
句号 jùhào 마침표	。	문장을 마칠 때 사용합니다.
		我对中国文化很感兴趣。
顿号 dùnhào 모점	、	문장 안에서 동등한 관계의 단어나 구를 나열할 때 사용합니다.
		苹果、西瓜、草莓，我都喜欢。
问号 wènhào 물음표	？	의문문이나 반어문에 쓰입니다.
		你想吃什么？
叹号 tànhào 느낌표	！	감탄, 놀람, 명령을 나타내는 문장 끝에 쓰입니다.
		爸爸终于回来了！
引号 yǐnhào 따옴표	" "	화자나 다른 사람의 말을 인용하거나 특정 단어를 강조할 때 사용합니다.
		有句俗话叫"入乡随俗"。
冒号 màohào 쌍점	：	다음 문장을 이끌거나 보충 설명할 때 사용합니다.
		他十分惊讶地说："什么？是他？"
分号 fēnhào 쌍반점	；	두 문장 이상을 동등한 관계로 나열할 때 사용합니다.
		文字，人们用来记言记事；语言，人们用来表达自己的感情。
书名号 shūmínghào 책 이름표	《 》	책이나 영화 등의 제목을 표시할 때 사용합니다.
		我对《红楼梦》这本书的印象很深。
破折号 pòzhéhào 줄표	——	부연 설명을 하거나 화제를 전환할 때 사용합니다.
		这就是世界上最高的山脉——喜马拉雅山。

Chapter 1 문자 메시지 쓰기 (1) 새해 인사

단어 트레이닝

주요 단어를 확실히 나의 것으로 만들어 보세요.

Track 01-01

한자	병음	뜻
多灾多难	duō zāi duō nàn	다사다난하다, 재해가 많다
过去	guòqù	⑧ 지나다
春节	Chūnjié	고유 음력설, 춘절
感谢	gǎnxiè	⑧ 감사하다
去年	qùnián	⑲ 작년
关心	guānxīn	⑲ 관심 ⑧ 관심을 갖다
帮助	bāngzhù	⑲ 도움
祝	zhù	⑧ 바라다, 축하하다
身体	shēntǐ	⑲ 몸, 신체
健康	jiànkāng	⑱ 건강하다
平安	píng'ān	⑱ 평안하다
幸福	xìngfú	⑱ 행복하다
工作	gōngzuò	⑲ 일 ⑧ 일하다
顺利	shùnlì	⑱ 순조롭다
万事如意	wàn shì rú yì	모든 일이 뜻대로 이루어지다
快乐	kuàilè	⑱ 즐겁다, 유쾌하다
新年快乐	xīnnián kuàilè	새해 복 많이 받으세요

작문 워밍업

다음 문장을 보고 우리말에 맞게 중국어로 작문해 보세요.　　　　Track 01-02

多灾多难的一年过去后，❶　　　　　　　　　　。
다사다난했던 한 해가 지나가고, 설날이 다가오고 있습니다.

感谢您 ❷　　　　　　　　　　。
작년에 보내 주신 관심과 도움에 감사드립니다.

祝您在新的一年里 ❸　　　　　　　　　　。
새해에 건강하고, 행복하시길 바라고

❹　　　　　　　　　　，万事如意。
또 하시는 일이 순조롭고, 모든 일이 다 뜻대로 이루어지시길 바랍니다.

❺　　　　　　　　　　！
새해 복 많이 받으세요!

....

❶ 春节就要到了　❷ 去年给我的关心和帮助　❸ 身体健康，平安幸福　❹ 也祝您工作顺利　❺ 新年快乐

어법 트레이닝

주요 어법을 알아보며 실력을 쌓아 보세요.

❶
> 春节就要到了。
> Chūnjié jiùyào dào le.
> 설날이 다가오고 있습니다.

주어 + 就要 + 동사(+목적어) + 了

💡 '就要……了'는 '곧 ~이다, 곧 ~할 예정이다'라는 뜻으로, 정해진 시간에 어떤 동작이 곧 발생한다는 의미를 나타냅니다. 주로 날짜나 시간 등 특정 시점을 나타내는 시간사와 함께 쓰입니다.

比赛就要开始了。
Bǐsài jiùyào kāishǐ le.
경기가 곧 시작된다.

他们下个月就要结婚了。
Tāmen xià ge yuè jiùyào jiéhūn le.
그들은 다음 달에 곧 결혼한다.

단어 | 比赛 bǐsài 명 경기, 시합 | 结婚 jiéhūn 동 결혼하다

❷
> 感谢您去年给我的关心和帮助。
> Gǎnxiè nín qùnián gěi wǒ de guānxīn hé bāngzhù.
> 작년에 보내 주신 관심과 도움에 감사드립니다.

단어/구 + 和 + 단어/구

💡 '和'는 병렬 관계를 이끄는 접속사로, 주로 'A和B' 형식으로 쓰입니다. 회화에서는 '跟'으로, 글에서는 '与'로 바꾸어 사용할 수 있습니다.

面包和饺子都是我爱吃的。
Miànbāo hé jiǎozi dōu shì wǒ ài chī de.
빵과 만두 모두 내가 좋아하는 먹거리다.

我特别喜欢跑步和游泳。
Wǒ tèbié xǐhuan pǎobù hé yóuyǒng.
나는 달리기와 수영을 특히 좋아한다.

단어 | 面包 miànbāo 명 빵 | 饺子 jiǎozi 명 만두 | 特别 tèbié 부 특히, 각별히

❸ 祝您在新的一年里身体健康，平安幸福。
Zhù nín zài xīn de yìnián li shēntǐ jiànkāng, píng'ān xìngfú.
새해에 건강하고, 행복하시길 바랍니다.

주어 + 在 + 시간 + 술어

 전치사 '在'는 장소뿐만 아니라 시간을 나타내는 표현과 함께 쓰여, 동작이 행해지는 시간을 나타냅니다. 또한 '里', '之前' 등과 같은 방위명사와 결합하여 시간의 범위를 특정 짓기도 합니다.

我要在这个月里看完这本书。
Wǒ yào zài zhè ge yuè li kànwán zhè běn shū.
나는 이번 달 안으로 이 책을 다 볼 것이다.

我一定要在12点之前睡觉。
Wǒ yídìng yào zài shí'èr diǎn zhīqián shuìjiào.
나는 반드시 12시 전에 자야 한다.

단어 一定 yídìng ⓦ 반드시, 꼭

확인 학습

앞에서 배운 어법을 활용하여 아래 제시된 단어를 배열해 보세요.

❶ 就要   考试   了   结束   马上

_____

시험이 곧 끝난다.

❷ 一双鞋子   妈妈给我   和   一件衣服   买了

_____

엄마가 내게 옷 한 벌과 신발 한 켤레를 사 주셨다.

❸ 经历了   在这一年   很多   我   里

_____

나는 올해 많은 것을 겪었다.

정답 확인

❶ 考试马上就要结束了。 ❷ 妈妈给我买了一件衣服和一双鞋子。 ❸ 我在这一年里经历了很多。

표현 트레이닝

☑ 주요 표현을 익히고 응용해 보세요.

❶

> 多灾多难的一年过去后，春节就要到了。
> Duō zāi duō nàn de yìnián guòqù hòu, Chūnjié jiùyào dào le.
> 다사다난했던 한 해가 지나가고, 설날이 다가오고 있습니다.

분석하기

多灾多难的	一年	过去	后,	春节	就要	到	了
다사다난했던	한 해가	지나다	~한 후	설날이	곧 ~하다	도달하다	

핵심표현 '后'는 '뒤'라는 방향을 나타내기도 하지만, 단어나 구, 문장 뒤에 놓여 '~한 후, ~하고 나서'라는 의미를 나타내기도 합니다. '以后'로 바꾸어 쓸 수 있습니다.

今天下班后去看电影，怎么样？
Jīntiān xiàbān hòu qù kàn diànyǐng, zěnmeyàng?
오늘 퇴근한 후에 영화 보러 가는 거 어때?

밥 먹고 나서 바로 눕지 마. (바로 立刻 / 눕다 躺)

→ _____

❷

> 祝您工作顺利，万事如意。
> Zhù nín gōngzuò shùnlì, wàn shì rú yì.
> 하시는 일이 순조롭고, 모든 일이 다 뜻대로 이루어지시길 바랍니다.

분석하기

祝您	工作顺利,	万事如意
~하기를 바랍니다	하는 일이 순조롭다	모든 일이 뜻대로 이루어지다

핵심표현 '祝您'은 '~하기를 바랍니다'라는 뜻으로, 상대방의 축복을 빌 때 사용하는 표현입니다. '祝您'은 주로 '一切顺利', '旅行愉快' 등 네 글자로 된 고정 표현과 함께 쓰입니다.

祝您旅行愉快。
Zhù nín lǚxíng yúkuài.
즐거운 여행이 되길 바랍니다.

즐거운 주말이 되길 바랍니다. (주말 周末)

→ _____

✓ 모범 답안은 128p에서 확인하세요.

작문 트레이닝

학습한 어법과 표현을 활용하여 다음 문장을 스스로 중작해 보세요.

문자 메시지 쓰기 (1) 새해 인사

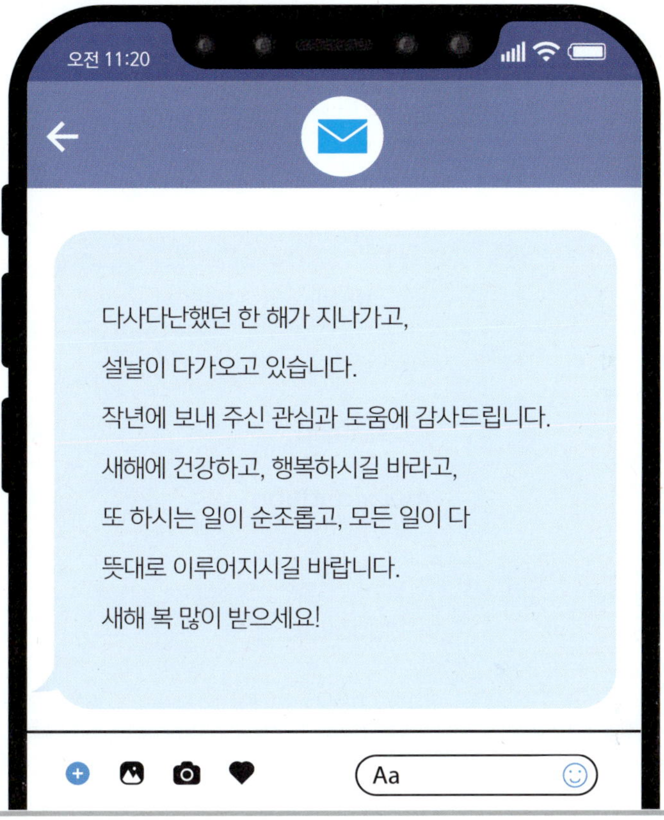

오전 11:20
다사다난했던 한 해가 지나가고,
설날이 다가오고 있습니다.
작년에 보내 주신 관심과 도움에 감사드립니다.
새해에 건강하고, 행복하시길 바라고,
또 하시는 일이 순조롭고, 모든 일이 다
뜻대로 이루어지시길 바랍니다.
새해 복 많이 받으세요!
Aa

직접 중작해 보기

....

....

....

....

....

✔ 모범 답안은 128p에서 확인하세요.

Chapter 2

문자 메시지 쓰기 (2) 감사 인사

단어 트레이닝

주요 단어를 확실히 나의 것으로 만들어 보세요. 🎧 Track 02-01

한자	병음	뜻
通过	tōngguò	동 합격하다, 통과하다
本来	běnlái	부 원래, 본래
以为	yǐwéi	동 ~인 줄 알다, ~라고 여기다
听力	tīnglì	명 듣기 능력
低	dī	형 낮다
担心	dānxīn	동 걱정하다
没想到	méi xiǎngdào	생각지 못하다
得	dé	동 받다, 얻다
多亏	duōkuī	동 덕분이다
教	jiāo	동 가르치다
简单	jiǎndān	형 간단하다
有趣	yǒuqù	형 재미있다
十分	shífēn	부 매우, 대단히
以后	yǐhòu	명 이후, 향후
努力	nǔlì	동 열심히 하다, 노력하다
注意	zhùyì	동 조심하다, 주의하다
愉快	yúkuài	형 기분이 좋다, 유쾌하다

작문 워밍업

📝 다음 문장을 보고 우리말에 맞게 중국어로 작문해 보세요. 🎧 Track 02-02

老师，❶ _____！
선생님, 저 HSK 4급 합격했어요!

本来以为听力会非常低，很担心，❷ _____。
듣기 (점수)가 아주 낮을 줄 알고 걱정했는데, 생각지도 못하게 260점을 받았어요.

❸ _____。十分感谢您。
선생님이 쉽고 재미있게 잘 가르쳐 주신 덕분이에요. 감사합니다.

以后5级也 ❹ _____！
앞으로 5급도 열심히 할게요!

老师，❺ _____，祝您今天愉快！
선생님, 오늘도 건강 조심하시고, 좋은 하루 보내세요!

----

❶ 我通过了HSK4级 ❷ 但没想到得了260分 ❸ 多亏老师教得好，既简单又有趣
❹ 会努力的 ❺ 今天也要注意身体

Chapter 2 문자 메시지 쓰기 (2) | 15

어법 트레이닝

주요 어법을 알아보며 실력을 쌓아 보세요.

❶
> 老师，我通过了HSK4级！
> Lǎoshī, wǒ tōngguò le HSK sì jí!
> 선생님, 저 HSK 4급 합격했어요!

동사 + 了 + 목적어

💡 동태조사 '了'는 동사 뒤에 쓰여 동작의 완료를 나타냅니다. 목적어가 함께 쓰일 경우 '了' 뒤에 위치합니다.

我刚买了新车。
Wǒ gāng mǎi le xīn chē.
나는 막 새 차를 구입했다.

家里来了客人。
Jiā li lái le kèrén.
집에 손님이 왔다.

단어 刚 gāng 🟣 막, 바로 지금 | 客人 kèrén 🟢 손님

❷
> 本来以为听力会非常低，很担心。
> Běnlái yǐwéi tīnglì huì fēicháng dī, hěn dānxīn.
> 듣기 (점수)가 아주 낮을 줄 알고 걱정했어요.

주어 + 以为 + 목적어(주술구)

💡 '以为'는 '~인 줄 알았다'라는 의미로, 자신의 판단이나 생각이 틀렸음을 인지했을 때 사용합니다. '以为'의 목적어 자리에는 주로 주술구가 옵니다.

本来以为大家都在睡觉呢。
Běnlái yǐwéi dàjiā dōu zài shuìjiào ne.
원래 모두가 자고 있는 줄 알았다.

我以为她对我有意思。
Wǒ yǐwéi tā duì wǒ yǒu yìsi.
나는 그녀가 내게 관심 있는 줄 알았다.

단어 有意思 yǒu yìsi 관심 있다, 마음에 들다

❸
> 既简单又有趣。
> Jì jiǎndān yòu yǒuqù.
> 쉽고 재미있어요.

| 既 | + | 동사/형용사 | + | 又 | + | 동사/형용사 |

💡 '既……又……'는 '~하기도 하고 ~하기도 하다'라는 의미로, 두 가지 성질이나 상황이 공존하고 있음을 나타냅니다. '又……又……'로 바꾸어 사용할 수도 있습니다.

我女朋友既漂亮又可爱。
Wǒ nǚ péngyou jì piàoliang yòu kě'ài.
내 여자친구는 예쁘고 귀엽다.

我们领导既会工作又会休息。
Wǒmen lǐngdǎo jì huì gōngzuò yòu huì xiūxi.
우리 대표님은 일할 줄도 알고 쉴 줄도 안다.

단어 领导 lǐngdǎo 명 대표, 리더 동 지도하다

✏️ 확인 학습

앞에서 배운 어법을 활용하여 아래 제시된 단어를 배열해 보세요.

❶ 一瓶　我今天　了　牛奶　喝

_____

나는 오늘 우유 한 병을 마셨다.

❷ 中国人　我　他　以为　是

_____

나는 그가 중국 사람인 줄 알았다.

❸ 既　这个房子　干净　又　大

_____

이 집은 넓고 깨끗하다.

정답 확인
❶ 我今天喝了一瓶牛奶。　❷ 我以为他是中国人。　❸ 这个房子既大又干净。

표현 트레이닝

☑ 주요 표현을 익히고 응용해 보세요.

❶

> 没想到得了260分。
> Méi xiǎngdào dé le liǎngbǎi liùshí fēn.
> 생각지도 못하게 260점을 받았어요.

분석하기

没想到	得了	260分
생각지도 못하게	받았다	260점

핵심표현 '没想到'는 '생각지도 못했다'라는 의미로, 어떤 상황이나 결과를 예측하지 못했을 때 쓰는 표현입니다.

> 没想到我和他成为了朋友。
> Méi xiǎngdào wǒ hé tā chéngwéi le péngyou.
> 내가 그와 친구가 될 거라고는 생각지도 못했다.

그가 이런 고민이 있을 거라고는 생각지도 못했다. (고민 烦恼)

→ _____

❷

> 多亏老师教得好。
> Duōkuī lǎoshī jiāo de hǎo.
> 선생님께서 잘 가르쳐 주신 덕분이에요.

분석하기

多亏	老师	教得好
~덕분이다	선생님이	잘 가르쳐 주다

핵심표현 '多亏'는 '~ 덕분이다'라는 뜻으로, 다른 사람의 도움으로 원치 않는 일을 피하게 됐을 때 고마움을 나타내는 표현입니다. 부정 형식으로는 사용하지 않습니다.

> 多亏你来接我!
> Duōkuī nǐ lái jiē wǒ!
> 네가 나를 데리러 온 덕분이야!

네 도움 덕분에 나는 앞당겨서 업무를 끝냈어. (앞당기다 提前 / 끝내다 完成)

→ _____

✓ 모범 답안은 128p에서 확인하세요.

작문 트레이닝

학습한 어법과 표현을 활용하여 다음 문장을 스스로 중작해 보세요.

문자 메시지 쓰기 (2) 감사 인사

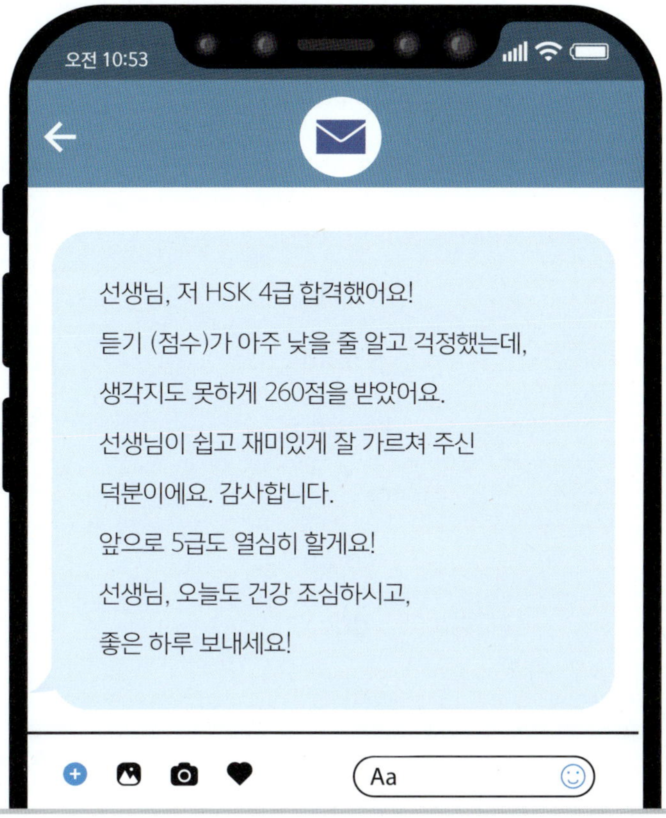

오전 10:53
선생님, 저 HSK 4급 합격했어요!
듣기 (점수)가 아주 낮을 줄 알고 걱정했는데,
생각지도 못하게 260점을 받았어요.
선생님이 쉽고 재미있게 잘 가르쳐 주신
덕분이에요. 감사합니다.
앞으로 5급도 열심히 할게요!
선생님, 오늘도 건강 조심하시고,
좋은 하루 보내세요!
Aa

직접 중작해 보기

✔ 모범 답안은 128p에서 확인하세요.

Chapter 3 문자 메시지 쓰기 (3) 약속 취소

단어 트레이닝

주요 단어를 확실히 나의 것으로 만들어 보세요. Track 03-01

한자	병음	뜻
好像	hǎoxiàng	부 ~인 것 같다
感冒	gǎnmào	동 감기에 걸리다 명 감기
见面	jiànmiàn	동 만나다, 대면하다
最近	zuìjìn	명 요즘, 최근
加班	jiābān	동 야근하다
可能	kěnéng	부 아마도
太……了	tài …… le	너무 ~하다
从	cóng	전 ~부터
到	dào	동 ~까지
休息	xiūxi	동 쉬다
一直	yìzhí	부 계속, 줄곧
一定	yídìng	부 반드시, 꼭
找时间	zhǎo shíjiān	시간을 내다
陪	péi	동 동반하다, 함께 하다

작문 워밍업

다음 문장을 보고 우리말에 맞게 중국어로 작문해 보세요.

🎧 Track 03-02

泰贞，真不好意思。

태정아, 미안해.

❶ _____，今天不能见面了。

나 감기 기운이 있는 거 같아서, 오늘 못 만날 것 같아.

最近公司工作很忙，每天加班，❷ _____。

요새 회사 일이 바빠서 매일 야근했더니 피곤해서 그런가 봐.

❸ _____，要早点回家休息。

오늘 아침부터 지금까지 계속 바빠서, 집에 일찍 좀 가서 쉬어야겠어.

❹ _____。下周见吧。

다음 주에 너한테 시간 맞출게. 다음 주에 보자.

---

❶ 我好像要感冒 ❷ 可能是因为太累了 ❸ 今天从早上一直忙到现在 ❹ 下周我一定找时间陪你

어법 트레이닝

📝 주요 어법을 알아보며 실력을 쌓아 보세요.

❶

> 可能是因为太累了。
> Kěnéng shì yīnwèi tài lèi le.
> 피곤해서 그런가 봐.

是因为 + **원인**

💡 '是因为'는 '~이기 때문이다'라는 뜻으로, 어떤 상황에 대한 원인을 나타냅니다. '之所以A, 是因为B' 형식으로 자주 쓰이며, 'A한 이유는 B하기 때문이다'라는 의미입니다.

可能是因为太紧张了。
Kěnéng shì yīnwèi tài jǐnzhāng le.
너무 긴장해서 그런 것 같아.

我之所以成绩那么好，是因为平时努力学习。
Wǒ zhīsuǒyǐ chéngjì nàme hǎo, shì yīnwèi píngshí nǔlì xuéxí.
내가 성적이 좋은 이유는 평소에 열심히 공부하기 때문이다.

단어 紧张 jǐnzhāng 형 긴장하다 | 成绩 chéngjì 명 성적 | 平时 píngshí 명 평소

❷

> 今天从早上一直忙到现在。
> Jīntiān cóng zǎoshang yìzhí mángdào xiànzài.
> 오늘 아침부터 지금까지 계속 바빴어.

一直 + **술어** + **到** + **시간사**

💡 '어느 시점까지 줄곧 어떠한 동작을 행했다'는 '一直+술어+到+시간사' 순으로 표현할 수 있습니다. 전치사구 '到+시간사'는 술어 뒤에 놓여 술어를 보충해 주는 보어 역할을 합니다.

我太累了，一直睡到下午。
Wǒ tài lèi le, yìzhí shuìdào xiàwǔ.
나는 너무 피곤해서 오후까지 계속 잤다.

我们一直玩到深夜。
Wǒmen yìzhí wándào shēnyè.
우리는 한밤중까지 계속 놀았다.

단어 深夜 shēnyè 명 한밤중, 깊은 밤

❸
> 我要早点回家休息。
> Wǒ yào zǎodiǎn huíjiā xiūxi.
> 나는 집에 일찍 좀 가서 쉬어야겠어.

| 주어 | + | 부사어 | + | 술어 1(+목적어 1) | + | 술어 2(+목적어 2) |

💡 하나의 주어가 이끄는 술어가 두 개 이상일 경우, 이러한 문장을 연동문이라고 합니다. 연동문의 술어는 주로 동사이며, 부사, 조동사 등의 부사어는 일반적으로 첫 번째 술어 앞에 위치합니다.

我们去超市买东西吧。
Wǒmen qù chāoshì mǎi dōngxi ba.
우리 마트에 가서 장 보자.

以后我会多抽时间陪你。
Yǐhòu wǒ huì duō chōu shíjiān péi nǐ.
앞으로 나는 시간을 더 많이 내서 너와 함께할 거야.

단어 超市 chāoshì 몡 마트 | 抽 chōu 동 (일부를) 뽑아 내다

✏️ 확인 학습

앞에서 배운 어법을 활용하여 아래 제시된 단어를 배열해 보세요.

❶ 没有   可能   休息   是因为   好

_____

제대로 쉬지 못해서 그런 것 같다.

❷ 一直   从昨晚   今天中午   睡   到

_____

어제저녁부터 오늘 점심까지 계속 잤다.

❸ 我   医院   打算   看病   去

_____

나는 병원에 가서 진료 받을 예정이다.

정답 확인

❶ 可能是因为没有休息好。 ❷ 从昨晚一直睡到今天中午。 ❸ 我打算去医院看病。

표현 트레이닝

☑ 주요 표현을 익히고 응용해 보세요.

❶

> 我好像要感冒。
> Wǒ hǎoxiàng yào gǎnmào.
> 나 감기 기운이 있는 것 같아.

분석하기
我	好像	要感冒
나는	~인 것 같다	감기가 오려고 한다

핵심표현 부사 '好像'은 '~인 것 같다'라는 의미로 술어 앞, 부사어 자리에 위치하여 추측의 느낌을 나타냅니다.

好像真的不知道啊。
Hǎoxiàng zhēnde bù zhīdào a.
정말 모르는 것 같아.

딸이 기분이 좀 좋지 않은 것 같다. (기분이 좋다 高兴)

→ _____

❷

> 下周我一定找时间陪你。
> Xiàzhōu wǒ yídìng zhǎo shíjiān péi nǐ.
> 다음 주에 너한테 시간 맞출게.

분석하기
下周	我	一定	找时间	陪你
다음 주에	내가	반드시	시간을 내서	너와 같이 할게

핵심표현 '一定'은 '반드시, 꼭'이라는 뜻의 부사로, 술어 앞에 쓰여 강인한 의지를 드러내는 역할을 합니다. '要', '得' 등의 조동사와 함께 자주 사용됩니다.

我一定要上名牌大学。
Wǒ yídìng yào shàng míngpái dàxué.
나는 반드시 명문 대학에 들어갈 것이다.

나는 반드시 성공할 것이다. (성공하다 成功)

→ _____

✔ 모범 답안은 129p에서 확인하세요.

작문 트레이닝

학습한 어법과 표현을 활용하여 다음 문장을 스스로 중작해 보세요.

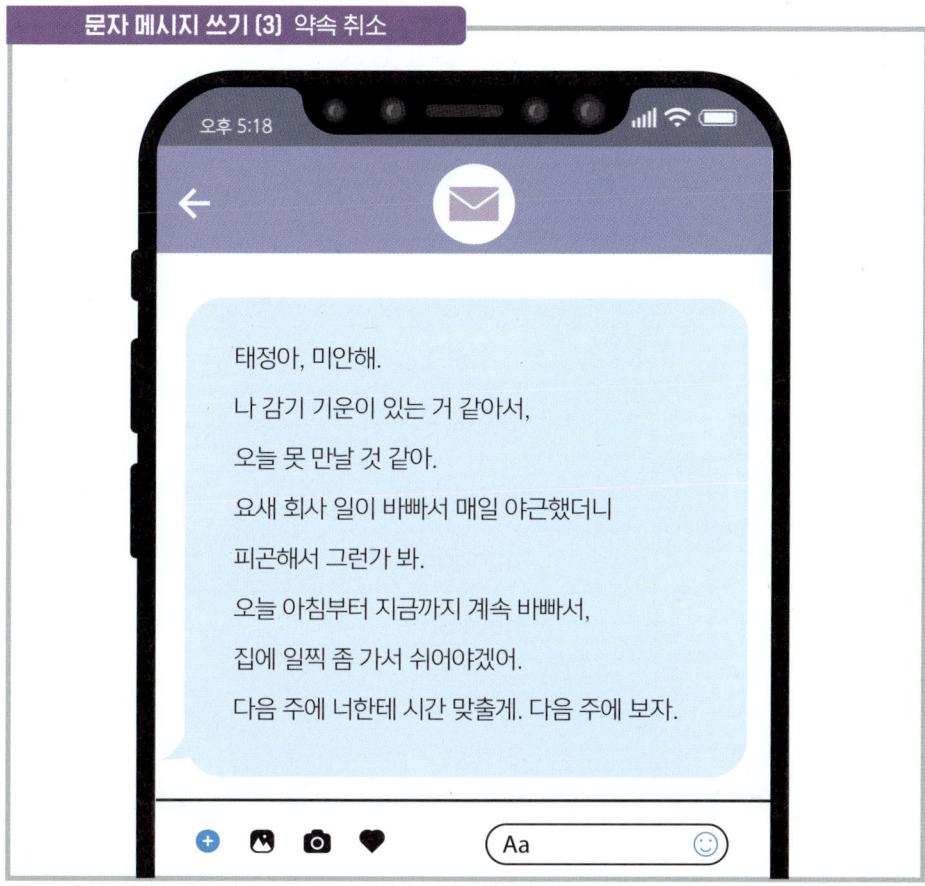

문자 메시지 쓰기 (3) 약속 취소

태정아, 미안해.
나 감기 기운이 있는 거 같아서,
오늘 못 만날 것 같아.
요새 회사 일이 바빠서 매일 야근했더니
피곤해서 그런가 봐.
오늘 아침부터 지금까지 계속 바빠서,
집에 일찍 좀 가서 쉬어야겠어.
다음 주에 너한테 시간 맞출게. 다음 주에 보자.

직접 중작해 보기

✔ 모범 답안은 129p에서 확인하세요.

Chapter 4 카드 쓰기 생일 축하 카드

단어 트레이닝

주요 단어를 확실히 나의 것으로 만들어 보세요.   Track 04-01

한자	병음	뜻
生日	shēngrì	명 생일
又	yòu	부 또, 다시
长	zhǎng	동 성장하다, 자라다
岁	suì	양 살, 세
感觉	gǎnjué	동 느낌
怎么样	zěnmeyàng	대 어떻다, 어떠하다
不管	bùguǎn	접 ~에 관계없이
好看	hǎokàn	형 예쁘다, 보기 좋다
哈	hā	의성 웃는 소리 (주로 중첩하여 사용함)
想	xiǎng	조동 ~하고 싶다
一点儿	yìdiǎnr	수량 조금
心意	xīnyì	명 정성, 마음, 성의
喜欢	xǐhuan	동 좋아하다

작문 워밍업

다음 문장을 보고 우리말에 맞게 중국어로 작문해 보세요. 🎧 Track 04-02

---

❶ _____ !
생일 축하해!

又长了一岁, ❷ _____ ?
한 살 더 먹으니 느낌이 어때?

❸ _____ 你都很好看，哈哈哈！
그래 봤자 또 예쁠 텐데, 하하하!

❹ _____ ，我陪你！
오늘은 네가 하고 싶은 거 다 해, 내가 함께 할게!

❺ _____ ，希望你会喜欢。
이건 내 작은 정성이야, 네 마음에 들었으면 좋겠다.

---

❶ 祝你生日快乐 ❷ 感觉怎么样 ❸ 不管怎么样 ❹ 今天你想做什么就做什么吧
❺ 这是我的一点儿心意

어법 트레이닝

주요 어법을 알아보며 실력을 쌓아 보세요.

❶

> 不管怎么样你都很好看。
> Bùguǎn zěnmeyàng nǐ dōu hěn hǎokàn.
> 그래 봤자 또 예쁠 텐데.

| 不管怎么样 | , | (주어) | + | 都 | + | 술어 |

💡 '不管怎么样都……'는 '어찌되었든 다~'라는 의미로 어떤 조건에서도 결과는 같음을 나타냅니다. '都' 대신 '也'나 '还是'으로 바꾸어 쓸 수도 있습니다.

不管怎么样，我都不想做。
Bùguǎn zěnmeyàng, wǒ dōu bù xiǎng zuò.
어찌되었든 나는 하고 싶지 않아.

不管怎么样，我还是要跟你道歉。
Bùguǎn zěnmeyàng, wǒ háishi yào gēn nǐ dàoqiàn.
어찌되었든 나는 너에게 사과할 거야.

단어 道歉 dàoqiàn ⑧ 사과하다

❷

> 今天你想做什么就做什么吧。
> Jīntiān nǐ xiǎng zuò shénme jiù zuò shénme ba.
> 오늘은 네가 하고 싶은 거 다 해.

| 동사 | + | 什么 | , | 동사 | + | 什么 |

💡 의문대사 '什么'가 '동사+什么, 동사+什么'의 형태로 쓰일 경우 '(동사)하는 대로 (동사)해'라는 의미로, 전자가 후자의 내용을 결정합니다. 두 동사구 사이에는 주로 '就'가 옵니다.

你想玩什么就玩什么。
Nǐ xiǎng wán shénme jiù wán shénme.
네가 놀고 싶은 대로 마음껏 놀아.

你做什么，我吃什么！
Nǐ zuò shénme, wǒ chī shénme!
네가 해 주는 대로 먹을게!

❸
> 这是我的一点儿心意。
> Zhè shì wǒ de yìdiǎnr xīnyì.
> 이건 내 작은 정성이야.

一点儿 + 명사

💡 수량사 '一点儿'이 명사 앞에 쓰일 경우 그 수량이 적음을 나타냅니다. 회화에서는 '一'를 생략하여 사용하기도 합니다.

手头还有一点儿钱。
Shǒutóu hái yǒu yìdiǎnr qián.
수중에 아직 돈이 조금 있다.

就这么一点儿东西，够吃吗？
Jiù zhème yìdiǎnr dōngxi, gòu chī ma?
음식이 이렇게 조금 밖에 없는데, 먹기에 충분해?

단어 手头 shǒutóu 명 수중 | 够 gòu 동 충분하다

✏️ 확인 학습

앞에서 배운 어법을 활용하여 아래 제시된 단어를 배열해 보세요.

❶ 怎么样　爱你　都　我　不管

_____

어찌되었든 나는 너를 사랑해.

❷ 你想　什么　点　喝什么　就

_____

네가 마시고 싶은 걸로 주문해.

❸ 还有　水果　冰箱　一点儿　里

_____

냉장고에 아직 과일이 조금 있다.

정답 확인
❶ 不管怎么样，我都爱你。　❷ 你想喝什么就点什么。　❸ 冰箱里还有一点儿水果。

표현 트레이닝

☑ 주요 표현을 익히고 응용해 보세요.

❶
> 又长了一岁，感觉怎么样？
> Yòu zhǎng le yí suì, gǎnjué zěnmeyàng?
> 한 살 더 먹으니 느낌이 어때?

분석하기

又	长了	一岁	感觉	怎么样
또, 더	자랐다	한 살	느낌이	어떠하냐

핵심표현 부사 '又'는 '또'라는 뜻으로, 과거에 발생했던 일이 다시 반복해서 일어날 때 사용합니다. 이미 발생한 일에 쓰이기 때문에, 주로 완료를 나타내는 동태조사 '了'와 함께 쓰입니다.

他又迟到了。
Tā yòu chídào le.
그는 또 지각했다.

오늘 또 비가 내렸다. (비가 내리다 **下雨**)

→ _____

❷
> 希望你会喜欢。
> Xīwàng nǐ huì xǐhuan.
> 네 마음에 들었으면 좋겠다.

분석하기

希望	你	会喜欢
~하길 바라다	네가	좋아했으면

핵심표현 '会'는 '~할 것이다'라는 의미로, 추측을 나타내는 조동사입니다. 문장 끝에 '的'를 동반하기도 합니다.

我相信你一定会成功。
Wǒ xiāngxìn nǐ yídìng huì chénggōng.
나는 네가 반드시 성공할 거라고 믿는다.

엄마는 나를 이해하실 거야. (이해하다 **理解**)

→ _____

✔ 모범 답안은 129p에서 확인하세요.

작문 트레이닝

학습한 어법과 표현을 활용하여 다음 문장을 스스로 중작해 보세요.

카드 쓰기 생일 축하 카드

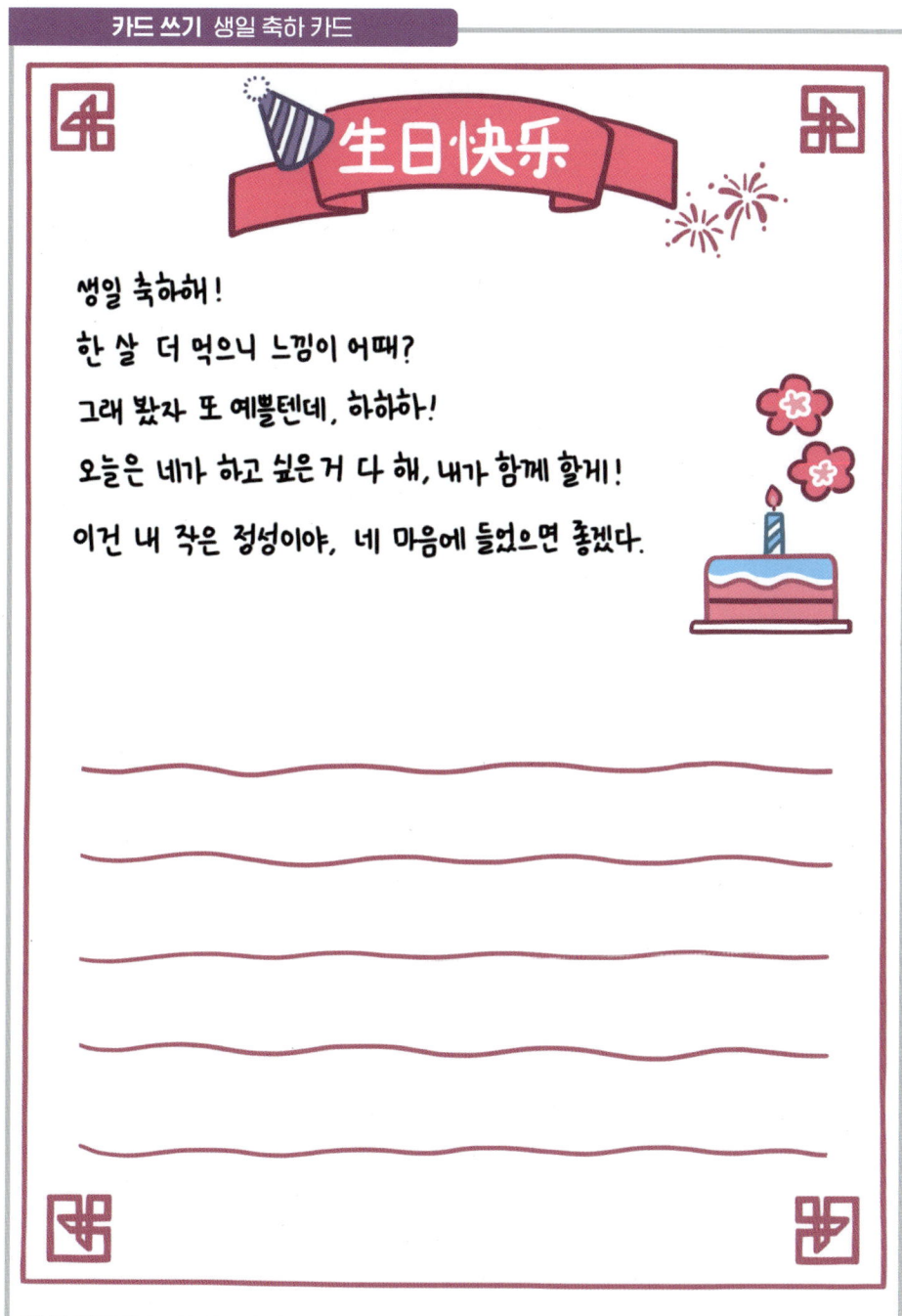

생일 축하해!
한 살 더 먹으니 느낌이 어때?
그래 봤자 또 예쁠텐데, 하하하!
오늘은 네가 하고 싶은 거 다 해, 내가 함께 할게!
이건 내 작은 정성이야, 네 마음에 들었으면 좋겠다.

✔ 모범 답안은 129p에서 확인하세요.

편지 쓰기 어버이날 편지

단어 트레이닝

주요 단어를 확실히 나의 것으로 만들어 보세요.   Track 05-01

한자	병음	뜻
亲爱	qīn'ài	형 친애하다, 사랑하다
女儿	nǚ'ér	명 딸
尽快	jǐnkuài	부 최대한 빨리
就业	jiùyè	동 취업하다
让	ràng	동 ~로 하여금 ~하게 하다
父母	fùmǔ	명 부모
享福	xiǎngfú	동 복을 누리다, 안락하게 지내다
只	zhǐ	부 오직, 단지
孝女	xiàonǚ	명 효녀
长寿	chángshòu	형 오래 살다, 장수하다
生活	shēnghuó	동 생활하다

작문 워밍업

다음 문장을 보고 우리말에 맞게 중국어로 작문해 보세요.   🎧 Track 05-02

亲爱的爸妈

사랑하는 엄마, 아빠께

爸妈！ ❶ _____ ，真的很幸福，谢谢。

엄마, 아빠! 저는 엄마, 아빠의 딸이라서 정말 행복해요. 감사합니다.

明年会尽快就业，❷ _____ 。

내년에 얼른 취업해서 부모님 호강시켜 드릴게요.

对不起， ❸ _____ 。

죄송해요, 어버이날에만 효녀라서.

我爱你们，祝你们健康长寿，❹ _____ 。

사랑합니다. 건강하게 오래오래 인생을 즐기면서 보내시길 바라요.

------

❶ 因为我是爸爸妈妈的女儿 ❷ 让父母享福的 ❸ 只在父母节那天是孝女 ❹ 快乐地生活

어법 트레이닝

📝 주요 어법을 알아보며 실력을 쌓아 보세요.

❶
> 因为我是爸爸妈妈的女儿，真的很幸福。
> Yīnwèi wǒ shì bàba māma de nǚ'ér, zhēnde hěn xìngfú.
> 저는 엄마, 아빠의 딸이라서 정말 행복해요.

因为 + **원인**

💡 접속사 '因为'는 '왜냐하면 ~이기 때문이다'라는 의미로, 원인을 나타냅니다. '그래서'라는 뜻의 접속사 '所以'와 함께 사용하여 원인과 결과를 말할 수 있습니다.

因为昨天睡得很晚，所以我今天9点才起床。
Yīnwèi zuótiān shuì de hěn wǎn, suǒyǐ wǒ jīntiān jiǔ diǎn cái qǐchuáng.
어제 늦게 잤기 때문에 나는 오늘 9시에야 일어났다.

因为今天事情多，所以我没法去找你。
Yīnwèi jīntiān shìqing duō, suǒyǐ wǒ méifǎ qù zhǎo nǐ.
오늘 일이 많기 때문에 너를 보러 갈 수가 없어.

단어 才 cái ⑮ ~에야, 비로소 | 没法 méifǎ ⑧ ~할 수 없다

❷
> 我会让父母享福的。
> Wǒ huì ràng fùmǔ xiǎngfú de.
> 제가 부모님 호강시켜 드릴게요.

주어 + **让** + **대상** + **술어**

💡 '让'은 '~로 하여금 ~하게 하다'라는 뜻입니다. '让+대상+술어' 순으로 쓰여, '(대상)으로 하여금 (술어)하게 하다'라는 의미를 나타내며, 이러한 문장을 겸어문이라고 합니다.

这部电影真让我感动。
Zhè bù diànyǐng zhēn ràng wǒ gǎndòng.
이 영화는 정말 감동적이다(나를 감동하게 했다).

老师让我写作业。
Lǎoshī ràng wǒ xiě zuòyè.
선생님께서 내게 숙제를 하라고 하셨다.

단어 部 bù ⑱ 서적이나 영상물을 세는 단위 | 感动 gǎndòng ⑧ 감동하다 | 作业 zuòyè ⑲ 숙제

❸
> 祝你们健康长寿，快乐地生活。
> Zhù nǐmen jiànkāng chángshòu, kuàilè de shēnghuó.
> 건강하게 오래오래 인생을 즐기면서 보내시길 바라요.

부사어 + 地 + 술어

💡 2음절 형용사가 부사어 자리에서 술어를 꾸며줄 경우, 일반적으로 형용사 뒤에 구조조사 '地'를 씁니다. 형용사 앞에 정도부사를 붙여, 그 의미를 강조할 수도 있습니다.

她非常努力地工作。
Tā fēicháng nǔlì de gōngzuò.
그녀는 매우 열심히 일한다.

他很认真地听课。
Tā hěn rènzhēn de tīng kè.
그는 아주 착실하게 수업을 듣는다.

단어 认真 rènzhēn 형 착실하다, 성실하다

확인 학습

앞에서 배운 어법을 활용하여 아래 제시된 단어를 배열해 보세요.

❶ 因为   所以   去上学   我没   感冒

_____

감기에 걸려서 나는 학교에 가지 않았다.

❷ 会   幸福的   让   你   我

_____

내가 너를 행복하게 해 줄게.

❸ 汉语   地   他   学习   认真

_____

그는 중국어를 열심히 공부한다.

정답 확인
❶ 因为感冒，所以我没去上学。   ❷ 我会让你幸福的。   ❸ 他认真地学习汉语。

표현 트레이닝

☑ 주요 표현을 익히고 응용해 보세요.

❶

明年会尽快就业的。
Míngnián huì jǐnkuài jiùyè de.
내년에 얼른 취업할게요.

분석하기 明年 / 会尽快 / 就业 / 的
내년에 / 최대한 빨리 ~할 것이다 / 취업하다

핵심표현 '会尽快……的'는 '최대한 빨리 ~할 것이다'라는 의미로, 자주 쓰이는 고정 표현입니다. 미래에 대한 주관적인 가능성을 나타냅니다.

我会尽快还你钱的。
Wǒ huì jǐnkuài huán nǐ qián de.
내가 최대한 빨리 네 돈을 갚을게.

내가 최대한 빨리 처리할게. (처리하다 **处理**)

→ _____

❷

对不起，只在父母节那天是孝女。
Duìbuqǐ, zhǐ zài Fùmǔ jié nàtiān shì xiàonǚ.
죄송해요. 어버이날에만 효녀라서.

분석하기 对不起 / 只 / 在父母节那天 / 是 / 孝女
죄송하다 / 오직 / 어버이날 / ~이다 / 효녀

핵심표현 부사 '只'는 '오직, 단지, ~만'이라는 뜻으로, 동작의 범위를 제한하는 역할을 합니다.

我只想问你一个问题。
Wǒ zhǐ xiǎng wèn nǐ yí ge wèntí.
나는 단지 너에게 질문을 하나 하고 싶을 뿐이야.

나는 한 번만 가봤다. (한 번 **一次**)

→ _____

✓ 모범 답안은 130p에서 확인하세요.

작문 트레이닝

학습한 어법과 표현을 활용하여 다음 문장을 스스로 중작해 보세요.

편지 쓰기 어버이날 편지

사랑하는 엄마, 아빠께

엄마, 아빠! 저는 엄마 아빠의 딸이라서 정말 행복해요. 감사합니다.

내년에 얼른 취업해서 부모님 효강시켜 드릴게요.

죄송해요, 어버이날에만 효녀라서.

사랑합니다, 건강하게 오래오래 인생을 즐기시면서 보내시길 바라요.

✔ 모범 답안은 130p에서 확인하세요.

Chapter 6 댓글 쓰기 유튜브 영상

단어 트레이닝

주요 단어를 확실히 나의 것으로 만들어 보세요. Track 06-01

한자	병음	뜻
演技	yǎnjì	(명) 연기
好	hǎo	(부) 완전, 진짜(정도가 심함을 나타냄)
棒	bàng	(형) 훌륭하다, 뛰어나다
着迷	zháomí	(동) 반하다, 사로잡히다
超	chāo	완전 ~하다
除了	chúle	(전) ~을(를) 제외하고
主打歌	zhǔdǎgē	(명) 타이틀곡
歌曲	gēqǔ	(명) 곡, 노래
动图	dòngtú	(명) 움직이는 사진
分享	fēnxiǎng	(동) (행복·기쁨 따위를) 함께 누리다, 공유하다
期待	qīdài	(동) 기대하다
部	bù	(양) 서적이나 영상물을 세는 단위
剧	jù	드라마(电视剧의 약자)
此	cǐ	(대) 이, 이것
大发	dàfā	대박 나다(인터넷 용어)
初雪	chūxuě	(명) 첫눈
炸鸡	zhájī	(명) 치킨
啤酒	píjiǔ	(명) 맥주
被	bèi	(전) ~을(를) 당하다
洗脑	xǐnǎo	(동) 세뇌하다

작문 워밍업

다음 문장을 보고 우리말에 맞게 중국어로 작문해 보세요. 🎧 Track 06-02

❶ _____！真是让人着迷！

연기 진짜 최고! 진짜 반하게 만든다니까!

新歌超好听。❷ _____，其他歌曲也很好。

신곡 너무 좋음. 타이틀곡 외에 다른 곡도 다 좋음.

❸ _____。谢谢分享。

이 움짤 너무 귀여워요. 공유해 주셔서 감사합니다.

❹ _____。希望此剧大发！

이 드라마 정말 기대됨. 이 드라마 대박 나길!

初雪的时候，❺ _____！我都被洗脑了。

첫눈이 올 때, 어떻게 치킨과 맥주가 빠질 수 있겠어! 나 벌써 세뇌당했네.

----

❶ 演技真的好棒 ❷ 除了主打歌以外 ❸ 这个动图太可爱了 ❹ 太期待这部剧了
❺ 怎么能没有炸鸡和啤酒

Chapter 6 댓글 쓰기 | **39**

어법 트레이닝

주요 어법을 알아보며 실력을 쌓아 보세요.

❶

除了主打歌以外，其它歌曲也很好。
Chúle zhǔdǎgē yǐwài, qítā gēqǔ yě hěn hǎo.
타이틀곡 외에 다른 곡도 다 좋아.

除了 + A + 以外

💡 '除了……以外'는 '~외에, ~말고'라는 의미를 나타내는 고정격식입니다. 주로 뒤 절에 부사 '也'나 '还'와 함께 쓰이며, '以外'는 생략 가능합니다.

除了上海以外，我还去过杭州。
Chúle Shànghǎi yǐwài, wǒ hái qùguo Hángzhōu.
나는 상하이 외에 항저우도 가봤다.

除了英语和汉语，我还会说日语。
Chúle Yīngyǔ hé Hànyǔ, wǒ hái huì shuō Rìyǔ.
나는 영어와 중국어 외에 일본어도 할 줄 안다.

단어 杭州 Hángzhōu 고유 항저우, 항주 | 日语 Rìyǔ 고유 일본어

❷

怎么能没有炸鸡和啤酒！
Zěnme néng méiyǒu zhájī hé píjiǔ!
어떻게 치킨과 맥주가 빠질 수 있겠어!

怎么能 + 술어

💡 '怎么能……'은 '어떻게 ~할 수 있겠어'라는 의미로, 말하고자 하는 내용을 반대로 표현하는 반어문입니다. 따라서 부정 형식은 긍정을 강조하고, 긍정 형식은 부정을 강조합니다.

我这么忙，怎么能有时间啊？
Wǒ zhème máng, zěnme néng yǒu shíjiān a?
내가 이렇게 바쁜데, 어떻게 시간이 있을 수 있겠니? (시간이 없다)

见到你，我怎么能不高兴呢？
Jiàndào nǐ, wǒ zěnme néng bù gāoxìng ne?
널 만났는데 내가 어떻게 기쁘지 않을 수 있겠어? (기쁘다)

❸
> 我都被洗脑了。
> Wǒ dōu bèi xǐnǎo le.
> 나 벌써 세뇌당했네.

| 주어 | + | 被 | + | (목적어) | + | 술어 | + | 기타성분 |

 전치사 '被'를 사용하여 피동의 의미를 나타낼 수 있습니다. 주어 자리에 행위의 대상이 위치하고, 목적어 자리에 행위의 주체가 오는데, 위 문장은 행위의 주체인 목적어가 생략된 형태입니다.

他们被骗了。
Tāmen bèi piàn le.
그들은 속았다.

我的钱包被偷了。
Wǒ de qiánbāo bèi tōu le.
내 지갑이 도난당했다.

단어 骗 piàn 동 속이다 | 钱包 qiánbāo 명 지갑 | 偷 tōu 동 훔치다, 도둑질하다

확인 학습

앞에서 배운 어법을 활용하여 아래 제시된 단어를 배열해 보세요.

❶ 篮球　　足球　　我还　　除了　　喜欢

_____

나는 축구 외에 농구도 좋아한다.

❷ 呢　　我　　相信　　怎么能　　他

_____

내가 어떻게 그를 믿을 수 있겠니?

❸ 拒绝　　我　　了　　被

_____

나는 거절당했다.

정답 확인
❶ 除了足球，我还喜欢篮球。　❷ 我怎么能相信他呢？　❸ 我被拒绝了。

표현 트레이닝

✅ 주요 표현을 익히고 응용해 보세요.

❶

> 新歌超好听。
> Xīn gē chāo hǎotīng.
> 신곡 너무 좋아요.

분석하기
新歌	超	好听
신곡이	완전 ~하다	듣기 좋다

핵심표현 '超'는 '완전 ~하다, (보통 수준보다) 뛰어나다'라는 뜻으로, '很', '真'과 같은 정도부사보다 어감이 훨씬 강합니다.

这本小说情节超有趣。
Zhè běn xiǎoshuō qíngjié chāo yǒuqù.
이 소설은 줄거리가 완전 재미있다.

이 드라마 완전 재미있어! (재미있다 **好看**)
→ _____

❷

> 这个动图太可爱了。
> Zhè ge dòngtú tài kě'ài le.
> 이 움짤 너무 귀여워요.

분석하기
这个动图	太	可爱	了
이 움짤	너무 ~하다	귀엽다	

핵심표현 부사 '太'는 형용사나 동사(구) 앞에 놓여 감탄을 나타냅니다. 주로 문장 끝에 '了'와 함께 쓰입니다.

我太期待明天了！
Wǒ tài qīdài míngtiān le!
나는 내일이 너무 기대돼!

이 방법 너무 좋다. (방법 **办法**)
→ _____

✓ 모범 답안은 130p에서 확인하세요.

작문 트레이닝

학습한 어법과 표현을 활용하여 다음 문장을 스스로 중작해 보세요.

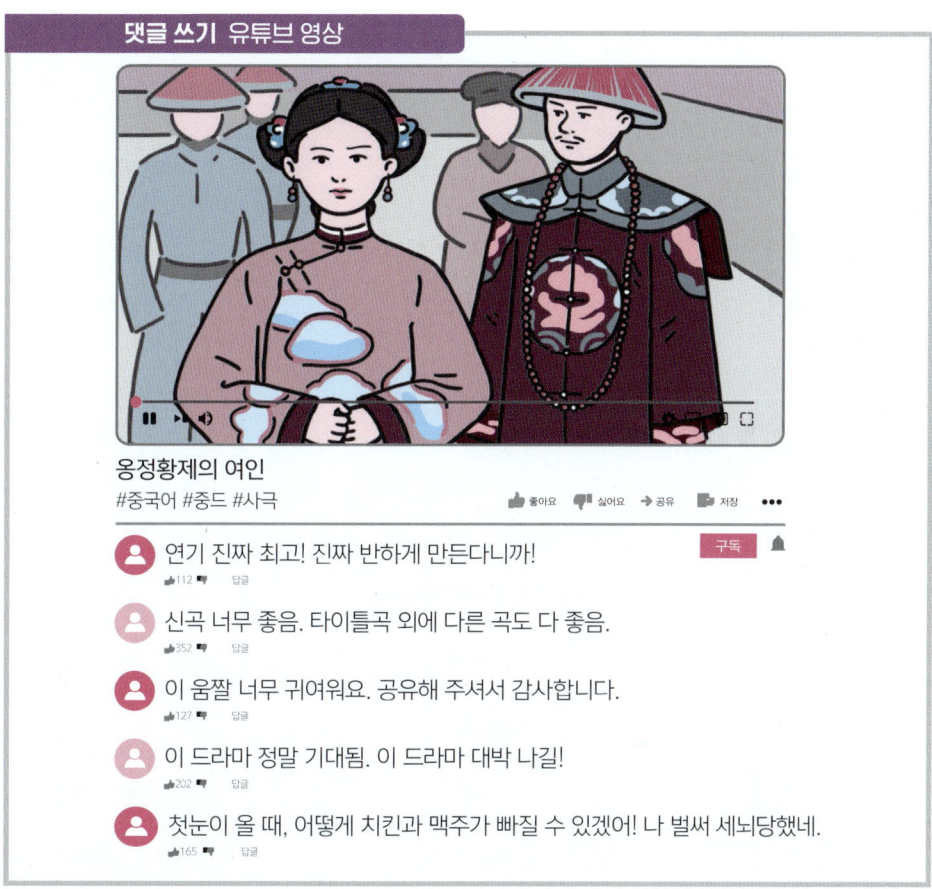

댓글 쓰기 유튜브 영상

옹정황제의 여인
#중국어 #중드 #사극

- 연기 진짜 최고! 진짜 반하게 만든다니까!
- 신곡 너무 좋음. 타이틀곡 외에 다른 곡도 다 좋음.
- 이 움짤 너무 귀여워요. 공유해 주셔서 감사합니다.
- 이 드라마 정말 기대됨. 이 드라마 대박 나길!
- 첫눈이 올 때, 어떻게 치킨과 맥주가 빠질 수 있겠어! 나 벌써 세뇌당했네.

직접 중작해 보기

✔ 모범 답안은 130p에서 확인하세요.

SNS 피드 쓰기 (1) 새해 다짐

단어 트레이닝

주요 단어를 확실히 나의 것으로 만들어 보세요. Track 07-01

한자	병음	뜻
早起的奇迹	zǎoqǐ de qíjì	미라클 모닝
挑战	tiǎozhàn	동 도전하다
凌晨	língchén	명 새벽
例行	lìxíng	동 정기적으로 행하다
活动	huódòng	명 활동, 행사 동 활동하다, 행동하다
开始	kāishǐ	동 시작하다
拉伸运动	lāshēn yùndòng	스트레칭
计划	jìhuà	동 계획하다
事情	shìqing	명 일
过	guò	동 (시기를) 보내다
同样	tóngyàng	형 같다, 동일하다
成为	chéngwéi	동 ~이(가) 되다
特别	tèbié	형 특별하다
最好	zuì hǎo	가장 좋다
加油	jiāyóu	동 파이팅 하다
着急	zháojí	형 서두르다, 조급하다
停	tíng	동 멈추다
怕	pà	동 두려워하다
站	zhàn	동 멈추다, 서다

작문 워밍업

📝 다음 문장을 보고 우리말에 맞게 중국어로 작문해 보세요.　🎧 Track 07-02

"早起的奇迹" ❶ ＿＿＿＿＿＿＿＿＿＿ 。

'미라클 모닝'에 도전한 지 벌써 일주일이 되었다.

从 "凌晨例行活动" 开始新的一天。 ❷ ＿＿＿＿
＿＿＿＿， 计划今天要做的事情。

새벽 루틴으로 새로운 하루를 시작한다. 따뜻한 물 한 잔, 스트레칭, 책 읽기, 오늘 할 일 정리.

❸ ＿＿＿＿＿＿＿＿＿＿＿＿， 不要成为 "希望明天会特别" 的人。

매일 똑같은 일상을 보내며, '내일이 특별하기를 바라는' 사람이 되지 말자.

我想成为我能做到的最好的自己。加油！

나는 내가 될 수 있는 최고의 내가 되고 싶다. 파이팅!

❹ ＿＿＿＿＿＿＿＿＿＿＿＿！（不怕慢，只怕站！）

서두르지는 말되, 멈추지 말자! (느린 것은 두려워하지 않되, 멈추는 것을 두려워하라!)

··

❶ 已经挑战一周了　❷ 一杯热水，拉伸运动，读书　❸ 每天过着同样的生活　❹ 不要着急，不要停下

Chapter 7　SNS 피드 쓰기 (1)　|　45

어법 트레이닝

주요 어법을 알아보며 실력을 쌓아 보세요.

❶

> "早起的奇迹"已经挑战一周了。
> "Zǎoqǐ de qíjì" yǐjīng tiǎozhàn yìzhōu le.
> '미라클 모닝'에 도전한 지 벌써 일주일이 되었다.

술어 + 시량보어

💡 '一周'는 시간을 나타내는 표현으로, 술어 뒤에 놓일 경우 동작이나 상태가 지속된 시간을 나타내는 역할을 합니다. 이러한 문장 성분을 시량보어라고 합니다.

我睡了十个小时。
Wǒ shuì le shí ge xiǎoshí.
나는 10시간 동안 잤다.

妈妈休息了三天。
Māma xiūxi le sān tiān.
엄마는 3일 동안 쉬었다.

단어 睡 shuì 통 자다

❷

> 每天过着同样的生活。
> Měitiān guòzhe tóngyàng de shēnghuó.
> 매일 똑같은 일상을 보낸다.

동사 + 着 + 목적어

💡 동태조사 '着'는 동사 뒤에 놓여 동작의 지속을 나타냅니다. 목적어가 함께 쓰일 경우 '着' 뒤에 위치합니다.

他们在门口站着聊天。
Tāmen zài ménkǒu zhànzhe liáotiān.
그들은 문 앞에 서서 수다를 떨고 있다.

我唱着歌，高兴地拿着礼物回家了。
Wǒ chàngzhe gē, gāoxìng de názhe lǐwù huíjiā le.
나는 노래를 부르며, 선물을 가지고 즐겁게 집에 갔다.

단어 门口 ménkǒu 명 문 앞 | 聊天 liáotiān 통 수다하다, 이야기를 나누다 | 拿 ná 통 가지다 |
礼物 lǐwù 명 선물

❸
> 不要成为"希望明天会特别"的人。
> Búyào chéngwéi "xīwàng míngtiān huì tèbié" de rén.
> '내일이 특별하기를 바라는' 사람이 되지 말자.

| (주어) | + | 不要 | + | 술어 | + | 목적어 |

💡 부사 '不要'는 술어 앞에서 '~하지 마라, ~하면 안 된다'라는 뜻으로 쓰입니다. 말하는 대상이 주로 상대방이기 때문에 종종 주어(你)가 생략되며, '別'로 바꾸어 쓸 수 있습니다.

你不要乱讲话。
Nǐ búyào luàn jiǎnghuà.
너 함부로 말하지 마.

不要只想着自己。
Búyào zhǐ xiǎngzhe zìjǐ.
자기 생각만 하면 안 된다.

단어 乱 luàn ⓧ 함부로 | 讲话 jiǎnghuà ⓧ 말하다

✏️ 확인 학습

앞에서 배운 어법을 활용하여 아래 제시된 단어를 배열해 보세요.

❶ 两个   我   了   小时   练

_____

나는 두 시간 동안 연습했다.

❷ 总是   笑   说话   着   她

_____

그녀는 항상 웃으면서 말한다.

❸ 给我   不要   你   电话   打

_____

너 내게 전화하지 마.

정답 확인
❶ 我练了两个小时。 ❷ 她总是笑着说话。 ❸ 你不要给我打电话。

표현 트레이닝

☑ 주요 표현을 익히고 응용해 보세요.

❶

"早起的奇迹" 已经挑战一周了。
"Zǎoqǐ de qíjì" yǐjīng tiǎozhàn yìzhōu le.
'미라클 모닝'에 도전한 지 벌써 일주일이 되었다.

분석하기

"早起的奇迹"	已经	挑战	一周	了
'미라클 모닝'	벌써 ~가 되었다	도전하다	일주일	

핵심표현 '已经……了'는 '벌써 ~가 되었다'라는 의미로, '벌써, 이미'라는 뜻의 부사 '已经'과 변화를 나타내는 어기조사 '了'가 함께 쓰였습니다.

时间已经很晚了。
Shíjiān yǐjīng hěn wǎn le.
시간이 벌써 늦었다.

이 영화를 나는 이미 봤다.
→ _____

❷

不怕慢, 只怕站!
Bú pà màn, zhǐ pà zhàn!
느린 것은 두려워하지 않되, 멈추는 것을 두려워하라!

분석하기

不	怕	慢,	只	怕	站
~하지 않다	두려워하다	느리다	오직	두려워하다	멈추다

핵심표현 '怕'는 '두려워하다'라는 뜻으로, 동사 앞에 놓여 '~할까 봐 걱정이 되다'라는 의미를 나타냅니다.

我怕你不记得我。
Wǒ pà nǐ bú jìde wǒ.
나는 네가 나를 기억하지 못할까 봐 걱정된다.

그는 지각할까 봐 6시에 일어났다. (지각하다 迟到)
→ _____

✔ 모범 답안은 131p에서 확인하세요.

작문 트레이닝

학습한 어법과 표현을 활용하여 다음 문장을 스스로 중작해 보세요.

SNS 피드 쓰기 (1) 새해 다짐

siwonschool

좋아요 321개

'미라클 모닝'에 도전한 지 벌써 일주일이 되었다.
새벽 루틴으로 새로운 하루를 시작한다.
따뜻한 물 한 잔, 스트레칭, 책 읽기, 오늘 할 일 정리.
매일 똑같은 일상을 보내며, '내일이 특별하기를 바라는' 사람이 되지 말자.
나는 내가 될 수 있는 최고의 내가 되고 싶다. 파이팅!
서두르지는 말되, 멈추지 말자!

#미라클모닝 #새로운하루 #새해

직접 중작해 보기

✓ 모범 답안은 131p에서 확인하세요.

Chapter 8 SNS 피드 쓰기 (2) 일상 공유

단어 트레이닝

주요 단어를 확실히 나의 것으로 만들어 보세요. 　Track 08-01

한자	병음	뜻
冰雪奇缘	bīngxuě qíyuán	겨울 왕국
外面	wàimiàn	몡 밖, 바깥
纷飞	fēnfēi	동 (눈·꽃 따위가) 흩날리다
整个	zhěnggè	형 전체, 온통
世界	shìjiè	몡 세상, 세계
变	biàn	동 변하다
白	bái	형 하얗다, 희다
滚动	gǔndòng	동 굴리다, 구르다
雪球	xuěqiú	몡 눈 뭉치, 눈덩이
堆	duī	동 쌓다
雪人	xuěrén	몡 눈사람
体力	tǐlì	몡 체력
不支	bùzhī	동 버티지 못하다, 지탱할 수 없다
拍照	pāi zhào	동 사진을 찍다
张	zhāng	양 종이를 세는 단위
咔嚓	kāchā	의성 찰칵
留下	liúxià	남기다, 남겨 두다
回忆	huíyì	몡 추억, 회상

작문 워밍업

다음 문장을 보고 우리말에 맞게 중국어로 작문해 보세요. 🎧 Track 08-02

❶ _____ 。

올겨울엔 눈이 정말 많이 내린다.

今天也是冰雪奇缘！

오늘도 겨울 왕국이네!

外面大雪纷飞， ❷ _____ 。

밖에 눈이 펑펑 내리고, 온 세상이 하얘지고 있다.

❸ _____ ，就体力不支了！

난 열심히 눈 뭉치를 굴려서 작은 눈사람 두 개 만들고 바로 체력 방전!

但还是和雪人一起可爱地拍了张照，咔嚓！

그래도 눈사람과 귀엽게 사진 한 장 찰칵! 하며

❹ _____ 。

폭설의 추억을 남긴다.

---

❶ 今年冬天雪下得真大 ❷ 整个世界都在变白 ❸ 我努力滚动雪球，堆了两个小雪人 ❹ 留下大雪中的回忆

어법 트레이닝

주요 어법을 알아보며 실력을 쌓아 보세요.

❶

> 今年冬天雪下得真大。
> Jīnnián dōngtiān xuě xià de zhēn dà.
> 올겨울엔 눈이 정말 많이 내린다.

술어 + 得 + 정도보어

💡 술어 뒤에서 동작이나 상태의 정도를 나타내는 표현을 '정도보어'라고 합니다. 구조조사 '得'는 술어와 정도보어를 연결해주는 역할을 하고, 정도보어 자리에는 주로 '정도부사+형용사'가 위치합니다.

他吃得真多。
Tā chī de zhēn duō.
그는 정말 많이 먹는다.

她长得非常漂亮。
Tā zhǎng de fēicháng piàoliang.
그녀는 아주 예쁘게 생겼다.

단어 长 zhǎng 동 생기다

❷

> 整个世界都在变白。
> Zhěnggè shìjiè dōu zài biàn bái.
> 온 세상이 하얘지고 있다.

주어 + 在 + 술어(동사)

💡 부사 '在'는 '~하고 있다'라는 뜻으로, 동사 앞에 놓여 동작의 진행을 나타냅니다. '在'는 '正在'로 바꾸어 쓸 수 있으며, 문장 끝에 어기조사 '呢'와 함께 쓰이기도 합니다.

你在想什么呢？
Nǐ zài xiǎng shénme ne?
너 무슨 생각하고 있니?

他们正在开会。
Tāmen zhèngzài kāihuì.
그들은 회의 중이다.

단어 开会 kāihuì 동 회의하다

❸
> 我堆了两个小雪人。
> Wǒ duī le liǎng ge xiǎo xuěrén.
> 나는 작은 눈사람 두 개를 만들었다.

수사 + 양사 + 명사

💡 중국어는 우리말과 다르게 '수사+양사'가 명사 앞에 위치합니다. '수사+양사'가 결합한 형태를 '수량사'라고 하며, 수량사는 명사를 수식하는 역할을 합니다.

我买了一件大衣。
Wǒ mǎi le yí jiàn dàyī.
나는 외투 한 벌을 샀다.

弟弟吃了两个苹果。
Dìdi chī le liǎng ge píngguǒ.
남동생은 사과 두 개를 먹었다.

단어 大衣 dàyī 명 외투

확인 학습

앞에서 배운 어법을 활용하여 아래 제시된 단어를 배열해 보세요.

❶ 很　　他　　干净　　得　　打扫

_____

그는 아주 깨끗하게 청소하였다.

❷ 外面　　下　　在　　雨

_____

밖에 비가 내리고 있다.

❸ 吃了　　姐姐　　蛋糕　　一　　口

_____

언니(누나)는 케이크를 한 입 먹었다.

정답 확인
❶ 他打扫得很干净。　❷ 外面在下雨。　❸ 姐姐吃了一口蛋糕。

표현 트레이닝

☑ 주요 표현을 익히고 응용해 보세요.

❶

> 我努力滚动雪球，就体力不支了！
> Wǒ nǔlì gǔndòng xuěqiú, jiù tǐlì bùzhī le!
> 열심히 눈 뭉치를 굴리고 바로 체력 방전!

분석하기

我	努力	滚动	雪球,	就	体力不支	了
나는	열심히	굴리다	눈 뭉치를	바로	체력이 버티지 못하다	되었다

핵심표현 '不支'는 '버티지 못하다'라는 뜻의 동사로, 주로 '体力'와 함께 쓰여 '체력이 못 버틴다, 힘이 부치다' 등의 의미로 쓰입니다.

我总是感觉体力不支。
Wǒ zǒngshì gǎnjué tǐlì bùzhī.
나는 늘 체력이 부치는 느낌이 든다.

할아버지는 자주 힘이 부치신다. (자주 常常)

→ _____

❷

> 但还是和雪人一起可爱地拍了张照。
> Dàn háishi hé xuěrén yìqǐ kě'ài de pāi le zhāng zhào.
> 그래도 눈사람과 귀엽게 사진 한 장 찍었다.

분석하기

但还是	和雪人一起	可爱地	拍了张照
그래도	눈사람과 함께	귀엽게	사진 한 장을 찍었다

핵심표현 '但还是'는 '그래도'라는 의미로, '하지만'이라는 뜻의 접속사 '但'과 '그래도'라는 뜻의 부사 '还是'가 함께 쓰여 앞에 나온 내용과는 상관이 없음을 나타냅니다.

我吃药了，但还是很疼。
Wǒ chī yào le, dàn háishi hěn téng.
나는 약을 먹었는데, 그래도 아프다.

모두가 힘들지만, 그래도 열정이 가득하다. (가득하다 充满 / 열정 热情)

→ _____

✓ 모범 답안은 131p에서 확인하세요.

작문 트레이닝

학습한 어법과 표현을 활용하여 다음 문장을 스스로 중작해 보세요.

SNS 피드 쓰기 (2) 일상 공유

siwonschool

좋아요 321개
올겨울엔 눈이 정말 많이 내린다.
오늘도 겨울 왕국이네!
밖에 눈이 펑펑 내리고, 온 세상이 하얘지고 있다.
난 열심히 눈 뭉치를 굴려서 작은 눈사람 두 개 만들고 바로 체력 방전!
그래도 눈사람과 귀엽게 사진 한 장 찰칵! 하며 폭설의 추억을 남긴다.
#눈사람 #겨울왕국 #눈온다

직접 중작해 보기

✔ 모범 답안은 131p에서 확인하세요.

브이로그 자막 쓰기 (1) 직장인 일상

단어 트레이닝

주요 단어를 확실히 나의 것으로 만들어 보세요. Track 09-01

한자	병음	뜻
戴	dài	⑧ 쓰다, 착용하다
口罩	kǒuzhào	⑲ 마스크
怪不得	guàibude	⑷ 어쩐지
呼吸	hūxī	⑧ 숨을 쉬다, 호흡하다
舒服	shūfu	⑲ 편하다, 쾌적하다
同事	tóngshì	⑲ 동료
选择	xuǎnzé	⑧ 선택하다
办公	bàngōng	⑧ 근무하다
办公室	bàngōngshì	⑲ 사무실
安静	ānjìng	⑲ 조용하다
午饭	wǔfàn	⑲ 점심 (식사)
开心	kāixīn	⑲ 즐겁다, 기쁘다
便利店	biànlìdiàn	⑲ 편의점
甜味	tiánwèi	단맛
零食	língshí	⑲ 간식
重新	chóngxīn	⑷ 다시, 재차
准时	zhǔnshí	⑷ 제때에
精神	jīngshen	⑲ 기운, 활력, 생기

작문 워밍업

다음 문장을 보고 우리말에 맞게 중국어로 작문해 보세요. Track 09-02

啊！ ① _____ ， ② _____ ！
앗! 마스크를 안 쓰고 나왔어요. 어쩐지 숨쉬기가 편하더라니!

③ _____ ，所以办公室很安静。
많은 동료들이 재택근무를 선택해서, 사무실이 조용해요.

来吃午饭了。午饭时间最开心！
점심 먹으러 왔어요. 점심시간이 제일 좋아요!

④ _____ 。
밥 다 먹고 편의점 가는 게 빠져선 안 되죠.

买回来甜味零食，重新回到办公室！
달달한 간식 사가지고 다시 사무실로 돌아옵니다!

今天准时下班，来运动了。⑤ _____ 。
오늘은 칼퇴근하고, 운동하러 왔어요. 피곤하긴 한데, 운동하고 나면 기운이 나요.

---

① 没戴口罩就出来了 ② 怪不得呼吸这么舒服 ③ 很多同事选择在家办公 ④ 吃完饭去便利店必不可少 ⑤ 虽然累，但运动完就有了精神

Chapter 9 브이로그 자막 쓰기 (1) | 57

어법 트레이닝

주요 어법을 알아보며 실력을 쌓아 보세요.

❶

> 买回来甜味零食。
> Mǎi huílai tiánwèi língshí.
> 달달한 간식 사가지고 돌아옵니다.

술어 + 방향보어 + 목적어

💡 술어 뒤에서 동작의 방향을 나타내는 보어를 '방향보어'라고 합니다. '回来', '进去', '下来', '过去' 등의 방향을 나타내는 표현이 방향보어로 쓰이며, 목적어는 일반적으로 방향보어 뒤에 위치합니다.

他突然跑进去了。
Tā tūrán pǎo jìnqu le.
그가 갑자기 뛰어 들어갔다.

你留下来吧。
Nǐ liú xiàlai ba.
너 남아 있으렴.

단어 突然 tūrán 튀 갑자기 │ 跑 pǎo 동 뛰다 │ 留 liú 동 남다

❷

> 重新回到办公室!
> Chóngxīn huídào bàngōngshì!
> 다시 사무실로 돌아옵니다!

술어 + 결과보어 + 목적어

💡 술어 뒤에서 동작의 변화나 결과를 나타내는 보어를 '결과보어'라고 합니다. 결과보어 자리에는 동사나 형용사가 오며, 목적어는 결과보어 뒤에 위치합니다. 자주 쓰이는 결과보어로는 '完', '到', '好', '见' 등이 있습니다.

我们已经吃完饭了。
Wǒmen yǐjīng chīwán fàn le.
우리는 이미 밥을 다 먹었다.

你刚才看到了什么?
Nǐ gāngcái kàndào le shénme?
너 방금 뭘 본 거야?

단어 刚才 gāngcái 명 방금

❸
虽然累，但运动完就有了精神。
Suīrán lèi, dàn yùndòng wán jiù yǒu le jīngshen.
피곤하긴 한데, 운동하고 나면 기운이 나요.

虽然 + A ， 但 + B

 '虽然A, 但B'는 '비록 A하지만 B하다'라는 의미로, 앞 절의 내용과 뒤 절의 내용이 상반될 경우 사용하는 접속사 구문입니다. '但'은 '但是'이나 '可是'로 바꾸어 쓸 수도 있습니다.

虽然你说得对，但是我不同意。
Suīrán nǐ shuō de duì, dànshì wǒ bù tóngyì.
비록 네 말이 맞지만, 나는 동의하지 않는다.

虽然你是我的女儿，但我不能惯着你。
Suīrán nǐ shì wǒ de nǚ'ér, dàn wǒ bù néng guànzhe nǐ.
비록 네가 내 딸이지만, 응석받이로 키울 수는 없어.

단어 同意 tóngyì 동 동의하다, 찬성하다 | 惯 guàn 동 응석받이로 키우다, 멋대로 하도록 내버려 두다

확인 학습

앞에서 배운 어법을 활용하여 아래 제시된 단어를 배열해 보세요.

❶ 飞   鸟   过去了   一只
_____
새 한 마리가 날아갔다.

❷ 我   一封信   收   了   到
_____
나는 편지 한 통을 받았다.

❸ 他年龄   虽然   很小   特别懂事   但是
_____
비록 그는 나이가 어리지만, 아주 철이 들었다.

정답 확인
❶ 一只鸟飞过去了。 ❷ 我收到了一封信。 ❸ 虽然他年龄很小，但是特别懂事。

표현 트레이닝

☑ 주요 표현을 익히고 응용해 보세요.

❶

> 怪不得呼吸这么舒服！
> Guàibude hūxī zhème shūfu!
> 어쩐지 숨쉬기가 편하더라니!

분석하기 怪不得   呼吸   这么舒服
　　　　　 어쩐지   숨쉬기가   이렇게나 편하다

핵심표현 부사 '怪不得'는 '어쩐지'라는 뜻으로, 궁금했던 점에 대해 그 원인을 알게 됐을 때 사용합니다. 원인을 나타내는 문장은 일반적으로 '알고 보니'라는 뜻의 '原来'와 함께 쓰입니다.

怪不得你不知道，原来你昨天没去呀。
Guàibude nǐ bù zhīdào, yuánlái nǐ zuótiān méi qù ya.
어쩐지 네가 모른다 했더니, 알고 보니 어제 안 갔구나.

어쩐지 너 학교에 안 왔더라니, 알고 보니 감기에 걸렸구나. (등교하다 **上学** / 감기에 걸리다 **感冒**)

→ _____

❷

> 吃完饭去便利店必不可少。
> Chīwán fàn qù biànlìdiàn bìbùkěshǎo.
> 밥 다 먹고 편의점 가는 게 빠져선 안 되죠.

분석하기 吃完饭   去便利店   必不可少
　　　　　 밥을 다 먹고   편의점에 가는 게   없어서는 안 된다

핵심표현 '必不可少'는 '없어서는 안 된다'라는 의미로, 주로 술어나 관형어 자리에 놓여 반드시 필요함을 나타냅니다.

自信是生活中必不可少的一部分。
Zìxìn shì shēnghuó zhōng bìbùkěshǎo de yí bùfen.
자신감은 살면서 없어서는 안 되는 부분이다.

그는 우리 회사에 반드시 필요한 사람이다.

→ _____

✓ 모범 답안은 132p에서 확인하세요.

작문 트레이닝

학습한 어법과 표현을 활용하여 다음 문장을 스스로 중작해 보세요.

브이로그 자막 쓰기(1) 직장인 일상

앗! 마스크를 안 쓰고 나왔어요. 어쩐지 숨쉬기가 편하더라니!
많은 동료들이 재택근무를 선택해서, 사무실이 조용해요.
점심 먹으러 왔어요. 점심시간이 제일 좋아요!
밥 다 먹고 편의점 가는 게 빠져선 안 되죠.
달달한 간식 사가지고 다시 사무실로 돌아옵니다!
오늘은 칼퇴근하고, 운동하러 왔어요.
피곤하긴 한데, 운동하고 나면 기운이 나요.

직접 중작해 보기

✔ 모범 답안은 132p에서 확인하세요.

Chapter 10 브이로그 자막 쓰기 (2) 여행 기록

단어 트레이닝

주요 단어를 확실히 나의 것으로 만들어 보세요. Track 10-01

한자	병음	뜻
为了	wèile	전 ~하기 위해
感受	gǎnshòu	동 느끼다
旅行	lǚxíng	동 여행하다
尽情	jìnqíng	부 실컷, 마음껏
观赏	guānshǎng	동 감상하다
美景	měijǐng	명 아름다운 경치
广阔	guǎngkuò	형 넓다, 광활하다
草原	cǎoyuán	명 초원
大脑	dànǎo	명 머리, 뇌
片	piàn	양 기분, 마음, 생각 등에 쓰이는 양사
清爽	qīngshuǎng	형 맑고 상쾌하다, 홀가분하다
美丽	měilì	형 예쁘다, 아름답다
晚霞	wǎnxiá	명 저녁 노을
从容	cóngróng	형 (시간적·경제적으로) 여유가 있다, 넉넉하다
宽容	kuānróng	동 너그럽게 받아들이다, 관용하다
前往	qiánwǎng	동 향하여 가다
目的地	mùdìdì	명 목적지
过程	guòchéng	명 과정
其	qí	대 그, 그것 (앞에 나온 내용을 가리킴)
本身	běnshēn	대 그 자체, 그 자신
补偿	bǔcháng	명 보상 동 보상하다

작문 워밍업

다음 문장을 보고 우리말에 맞게 중국어로 작문해 보세요.   🎧 Track 10-02

❶ _____，我正在旅行。

행복하기 위해 나는 여행 중입니다.

❷ _____，看到广阔的草原，大脑一片清爽。

바닷가의 아름다운 경치도 실컷 감상하고, 드넓은 초원을 보게 되니, 머릿속까지 상쾌합니다.

❸ _____，见到了美丽的晚霞。

천천히 걷다 보니 예쁜 노을을 만났습니다.

❹ _____，也让我的心更宽容。

여행은 저를 더 여유롭게 변화시키고, 또 제 마음도 더 너그러워지게 합니다.

❺ _____，但其本身好像是一种补偿。

여행은 목적지로 향하는 과정이지만, 그 자체로 일종의 보상인 것 같습니다.

---

❶ 为了让自己感受到幸福 ❷ 尽情地观赏海边的美景 ❸ 慢慢走着 ❹ 旅行让我变得更从容 ❺ 旅行是前往目的地的过程

어법 트레이닝

주요 어법을 알아보며 실력을 쌓아 보세요.

❶
> 为了让自己感受到幸福，我正在旅行。
> Wèile ràng zìjǐ gǎnshòu dào xìngfú, wǒ zhèngzài lǚxíng.
> 행복하기 위해 나는 여행 중입니다.

为了 + 명사/동사/구

💡 전치사 '为了'는 '~을(를) 위하여'라는 뜻으로, 목적을 나타냅니다. '为了' 뒤에는 명사뿐만 아니라 동사나 구가 올 수도 있습니다.

为了减肥，我不吃晚饭。
Wèile jiǎnféi, wǒ bù chī wǎnfàn.
다이어트를 하기 위해 나는 저녁밥을 먹지 않는다.

为了省钱，我决定不点外卖了。
Wèile shěng qián, wǒ juédìng bù diǎn wàimài le.
돈을 아끼기 위해 나는 배달 음식을 시키지 않기로 결정했다.

> **단어** 减肥 jiǎnféi 동 다이어트 하다 | 省 shěng 동 아끼다, 절약하다 | 决定 juédìng 동 결정하다 | 点外卖 diǎn wàimài 배달 음식을 시키다

❷
> 看到广阔的草原，大脑一片清爽。
> Kàndào guǎngkuò de cǎoyuán, dànǎo yí piàn qīngshuǎng.
> 드넓은 초원을 보게 되니, 머릿속까지 상쾌합니다.

一片 + 경치/소리/기분/마음/생각

💡 양사는 일반적으로 명사를 세는 단위이지만, '片'은 경치, 소리, 기분, 마음, 생각 등 추상적인 단어 앞에서 '가득하다'라는 느낌을 전달합니다. 수사 '一'와 결합하여 '一片'의 형태로만 쓰입니다.

四周一片沉默。
Sìzhōu yí piàn chénmò.
사방이 고요함으로 가득하다.

我真的是一片好心啊！
Wǒ zhēnde shì yí piàn hǎoxīn a!
나는 정말 호의일 뿐이라고!

> **단어** 四周 sìzhōu 명 사방 | 沉默 chénmò 형 고요하다, 조용하다 | 好心 hǎoxīn 명 호의, 친절한 마음

❸
> 旅行让我变得更从容。
> Lǚxíng ràng wǒ biàn de gèng cóngróng.
> 여행은 저를 더 여유롭게 변화시킵니다.

주어 + 变得 + 정도보어

 '变得'는 '~하게 변하다, ~해졌다'라는 의미로, 동사 '变'과 구조조사 '得'가 결합된 형태입니다. 구조조사 '得' 뒤는 정도보어 자리이므로, 동사 '变'의 정도를 나타내는 표현이 옵니다.

他有了朋友后变得开朗了。
Tā yǒu le péngyou hòu biàn de kāilǎng le.
그는 친구가 생긴 후로 쾌활해졌다.

我会变得越来越好的。
Wǒ huì biàn de yuèláiyuè hǎo de.
나는 점점 더 좋아질 것이다.

단어 开朗 kāilǎng 쾽 쾌활하다 | 越来越 yuèláiyuè 점점 더 ~하다

확인 학습

앞에서 배운 어법을 활용하여 아래 제시된 단어를 배열해 보세요.

❶ 努力   家人   为了   奋斗   我要
_____

가족을 위해 나는 열심히 분투할 것이다.

❷ 对你   真心   一片   我   是
_____

나는 네게 진심을 다한다.

❸ 更   让生活   运动   变得   健康
_____

운동은 삶을 더 건강하게 만든다.

정답 확인
❶ 为了家人，我要努力奋斗。 ❷ 我对你是一片真心。 ❸ 运动让生活变得更健康。

표현 트레이닝

☑ 주요 표현을 익히고 응용해 보세요.

❶

> 尽情地观赏海边的美景。
> Jìnqíng de guānshǎng hǎibiān de měijǐng.
> 바닷가의 아름다운 경치를 실컷 감상한다.

분석하기

尽情地	观赏	海边的	美景
실컷	감상하다	바닷가의	아름다운 경치를

핵심표현 '尽情地'는 '실컷, 마음껏'이라는 의미로, 부사 '尽情'과 구조조사 '地'가 결합된 형태입니다. 부사어 자리에 놓여 술어를 꾸며주는 역할을 합니다.

今天我请客，大家尽情地吃吧！
Jīntiān wǒ qǐngkè, dàjiā jìnqíng de chī ba!
오늘 내가 한턱낼 테니 모두 실컷 먹어!

너희 실컷 놀으렴!
→ _____

❷

> 其本身好像就是一种补偿。
> Qí běnshēn hǎoxiàng jiù shì yì zhǒng bǔcháng.
> 그 자체로 일종의 보상인 것 같습니다.

분석하기

其本身	好像就是	一种补偿
그 자체가	바로 ~인 것 같다	일종의 보상

핵심표현 '其'는 '那个', '那样'과 같은 의미의 지시대사이지만, 주로 글에서 쓰는 말입니다. 앞 절에서 언급한 특정 단어나 내용을 가리킵니다.

喝茶其本身就是一种享受。
Hē chá qí běnshēn jiù shì yì zhǒng xiǎngshòu.
차를 마시는 것 그 자체가 즐길 줄 아는 것이다.

번역은 그 자체가 일종의 창작이다. (번역 **翻译** / 창작 **创作**)
→ _____

✓ 모범 답안은 132p에서 확인하세요.

작문 트레이닝

학습한 어법과 표현을 활용하여 다음 문장을 스스로 중작해 보세요.

브이로그 자막 쓰기(2) 여행 기록

행복하기 위해 나는 여행 중입니다.
바닷가의 아름다운 경치도 실컷 감상하고, 드넓은 초원을 보게 되니, 머릿속까지 상쾌합니다. 천천히 걷다 보니 예쁜 노을을 만났습니다.
여행은 저를 더 여유롭게 변화시키고, 또 제 마음도 더 너그러워지게 합니다.
여행은 목적지로 향하는 과정이지만, 그 자체로 일종의 보상인 것 같습니다.

직접 중작해 보기

✔ 모범 답안은 132p에서 확인하세요.

Chapter 11 게시글 쓰기 (1) 인터넷 쇼핑몰 상품 관련 문의

단어 트레이닝

주요 단어를 확실히 나의 것으로 만들어 보세요. Track 11-01

한자	병음	뜻
身高	shēngāo	명 키, 신장
米	mǐ	양 미터(m)
体重	tǐzhòng	명 몸무게, 체중
公斤	gōngjīn	양 킬로그램(kg)
号	hào	명 사이즈
尺码	chǐmǎ	명 사이즈, 치수 (주로 모자나 신발에 쓰임)
偏	piān	동 치우치다
出货	chūhuò	동 출고하다, (창고 등에서) 제품을 꺼내다
发货	fāhuò	동 화물을 발송하다, 출하하다
发送	fāsòng	동 발송하다
告知	gàozhī	동 알리다, 고지하다
运单号	yùndān hào	운송장 번호
配送	pèisòng	동 배송하다. (소비자가 주문한) 물품을 수하인에게 보내다
需要	xūyào	동 필요로 하다, 요구되다
订购	dìnggòu	동 주문하여 구입하다
收到	shōudào	받다, 수령하다
确认	quèrèn	동 확인하다
快递	kuàidì	명 택배
取消	qǔxiāo	동 취소하다

작문 워밍업

다음 문장을 보고 우리말에 맞게 중국어로 작문해 보세요. Track 11-02

❶ _____，要买多大号的？尺码偏大吗？

키 170cm, 몸무게 80kg인데 사이즈 몇 사야 하나요? 사이즈가 크게 나왔나요?

今天可以出货吗？ ❷ _____？

오늘 출고되나요? 언제 발송될까요?

请发送后告知运单号。❸ _____？

발송 후 운송장 번호 알려주세요. 배송은 얼마나 걸릴까요?

❹ _____，请确认一下。

2개 주문했는데 1개 받았습니다, 확인 부탁드려요.

请问，❺ _____？

실례지만, 택배가 너무 느려서 그러는데, 취소할 수 있을까요?

---

❶ 身高一米七，体重八十公斤　❷ 什么时候能发货呢　❸ 配送需要多长时间
❹ 订购了两个收到了一个　❺ 因为快递太慢，可以取消吗

어법 트레이닝

주요 어법을 알아보며 실력을 쌓아 보세요.

❶

> 要买多大号的？
> Yào mǎi duō dà hào de?
> 사이즈 몇 사야 하나요?

명사/동사/형용사/구 + 的

💡 구조조사 '的'는 명사/동사/형용사/구 뒤에 놓여 명사화하는 역할을 하기도 합니다. 이때 '的' 뒤에는 특정 사람이나 사물이 생략된 것입니다.

我想喝冰的。
Wǒ xiǎng hē bīng de.
나는 시원한 걸 마시고 싶다.

我想买红色的。
Wǒ xiǎng mǎi hóngsè de.
나는 빨간색으로 사고 싶다.

단어 冰 bīng 동 시원하게 하다, 차게 하다

❷

> 今天可以出货吗？
> Jīntiān kěyǐ chūhuò ma?
> 오늘 출고되나요?

주어 + 可以 + 술어

💡 '可以'는 '~할 수 있다, ~해도 된다'라는 의미로, 가능을 나타내는 조동사입니다. 부정형은 '可以' 앞에 '不'를 붙여 '不可以'라고 표현합니다.

可以分期付款吗？
Kěyǐ fēnqī fù kuǎn ma?
할부로 계산해도 되나요?

这个项目可以赚到钱。
Zhè ge xiàngmù kěyǐ zhuàndào qián.
이 프로젝트로 돈을 벌 수 있다.

단어 分期 fēnqī 동 기간을 나누다 | 付款 fù kuǎn 계산하다, 돈을 내다 | 项目 xiàngmù 명 프로젝트 | 赚 zhuàn 동 (돈을) 벌다

❸
> 请确认一下。
> Qǐng quèrèn yíxià.
> 확인 부탁드려요.

동사 + 一下

 '一下'는 수량사로 동사 뒤에 놓여 '한번 ~하다, 좀 ~하다'라는 의미를 나타냅니다. 주로 어떤 동작을 시험 삼아 해보거나 상대에게 권유할 때 사용합니다.

下课以后请大家复习一下。
Xiàkè yǐhòu qǐng dàjiā fùxí yíxià.
수업이 끝난 후에 여러분 복습하시길 바랍니다.

你回去好好考虑一下。
Nǐ huíqu hǎohǎo kǎolǜ yíxià.
너 가서 한번 잘 생각해 봐.

단어 复习 fùxí ⑧ 복습하다 | 考虑 kǎolǜ ⑧ 생각하다, 고려하다

확인 학습

앞에서 배운 어법을 활용하여 아래 제시된 단어를 배열해 보세요.

❶ 想　　的　　你　　什么样　　买
_____
너는 어떤 걸 사고 싶어?

❷ 你　　吗　　来接　　可以　　我
_____
너가 나를 데리러 올 수 있어?

❸ 跟我　　解释　　吧　　你　　一下
_____
너가 내게 설명 좀 해주렴.

정답 확인
❶ 你想买什么样的? ❷ 你可以来接我吗? ❸ 你跟我解释一下吧。

표현 트레이닝

☑ 주요 표현을 익히고 응용해 보세요.

❶

> 身高一米七，体重八十公斤。
> Shēngāo yì mǐ qī, tǐzhòng bāshí gōngjīn.
> 키 170cm, 몸무게 80kg입니다.

분석하기

身高	一米七,	体重	八十公斤
키가	170cm	몸무게가	80kg

핵심표현 중국어로 키를 말할 때는 미터(m)를 나타내는 양사인 '米'를 사용합니다. 주의할 것은 '키가 170cm이다'를 '一米七零'이 아닌 '一米七'라고 표현한다는 점입니다.

我身高一米四五。
Wǒ shēngāo yì mǐ sì wǔ.
내 키는 145cm이다.

우리 아빠는 키가 190cm이다.

→ _____

❷

> 配送需要多长时间？
> Pèisòng xūyào duō cháng shíjiān?
> 배송은 얼마나 걸릴까요?

분석하기

配送	需要	多长时间？
배송은	필요로 하나요	얼마 동안

핵심표현 '多长时间'은 '얼마 동안'이라는 의미로, 동사 '需要' 뒤에 놓여 어떠한 일을 하는 데 어느 정도의 시간이 걸리는지 묻는 역할을 합니다.

每天运动多长时间最合适？
Měitiān yùndòng duō cháng shíjiān zuì héshì?
매일 얼마나 운동하는 것이 가장 적당한가요?

네 집부터 여기까지 얼마나 걸려? (~부터 从 / ~까지 到)

→ _____

✓ 모범 답안은 133p에서 확인하세요.

작문 트레이닝

학습한 어법과 표현을 활용하여 다음 문장을 스스로 중작해 보세요.

게시글 쓰기 (1) 인터넷 쇼핑몰 상품 관련 문의

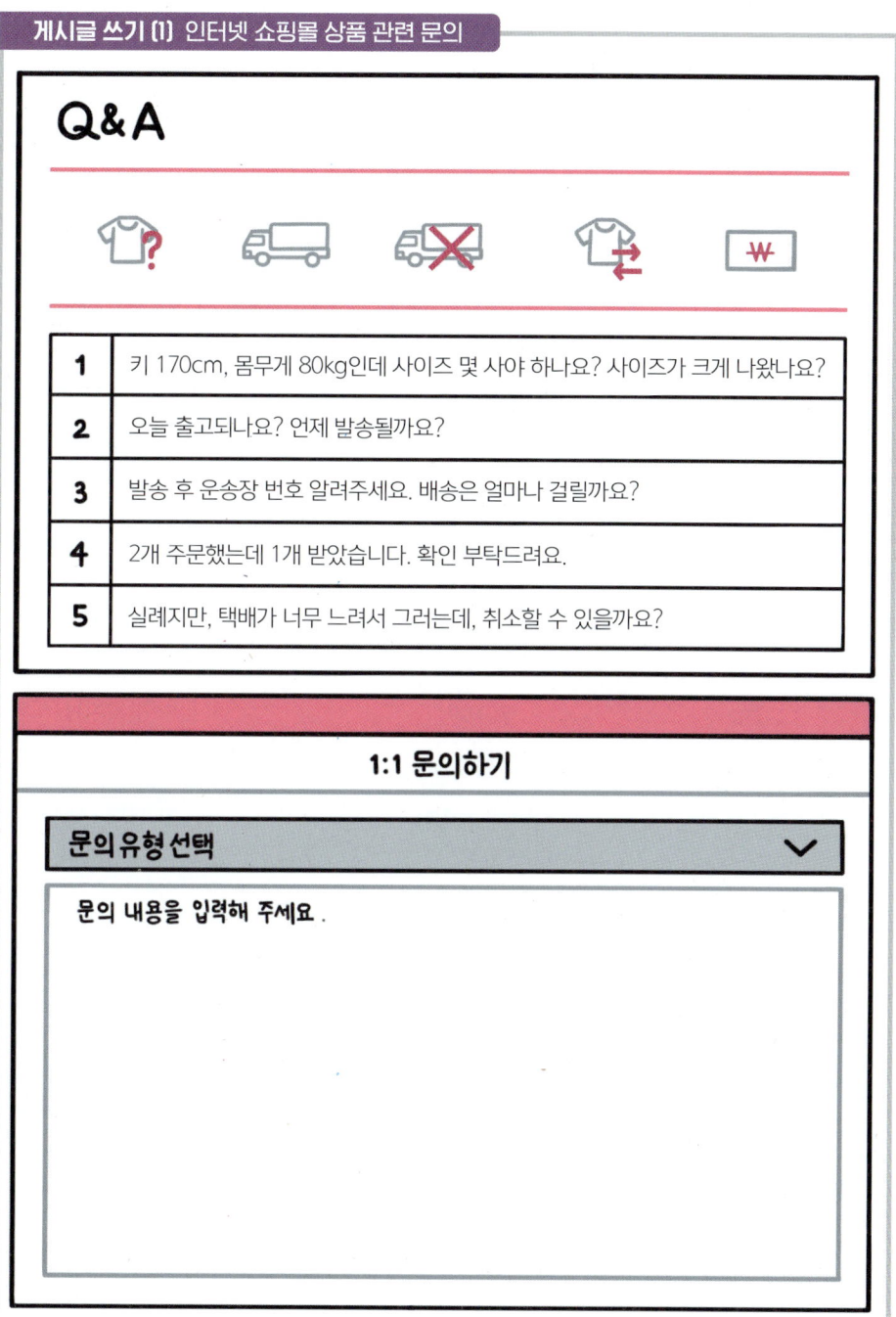

✓ 모범 답안은 133p에서 확인하세요.

Chapter 12 게시글 쓰기 (2) 중고마켓 중고 제품 팔기

단어 트레이닝

주요 단어를 확실히 나의 것으로 만들어 보세요. Track 12-01

한자	병음	뜻
款	kuǎn	양 스타일, 타입
连衣裙	liányīqún	명 원피스
端庄	duānzhuāng	형 단정하다
大方	dàfang	형 (스타일·색깔 따위가) 점잖다, 고상하다
适合	shìhé	동 어울리다, 적합하다
参加	cānjiā	동 참석하다, 참가하다
各种	gè zhǒng	각종의
聚会	jùhuì	명 모임
曾	céng	부 예전에, 이미
婚礼	hūnlǐ	명 결혼식
干洗	gānxǐ	동 드라이(클리닝)
保管	bǎoguǎn	동 보관하다
状态	zhuàngtài	명 상태
佳	jiā	형 좋다, 훌륭하다
趁	chèn	전 (때·기회를) 이용해서, ~을(를) 틈타서
整理	zhěnglǐ	동 정리하다
机会	jīhuì	명 기회
出手	chūshǒu	동 (물건을) 처분하다, 내다 팔다
直接	zhíjiē	형 직접의, 직접적인
交易	jiāoyì	동 거래하다 명 거래
麻谷站	Mágǔ zhàn	고유 마곡역
另加	lìng jiā	별도로 더하다
韩元	Hányuán	고유 한화, 원화

작문 워밍업

다음 문장을 보고 우리말에 맞게 중국어로 작문해 보세요.   Track 12-02

这款黑色连衣裙端庄大方，❶ _____。

이 블랙 원피스는 단정하고 점잖아서, 다양한 모임에 참석하기에 잘 어울립니다.

❷ _____。

예전에 친구 결혼식 때 한 번 입었어요.

干洗后保管中，❸ _____。

드라이 후 보관 중이고 상태 최상입니다.

❹ _____ 便宜出手。

짐 정리로 싸게 내놓습니다.

直接交易，请到麻谷站，❺ _____，另加3,500韩元。

직거래 시 마곡역, 택배 거래 시 3,500원 추가.

---

❶ 适合参加各种聚会 ❷ 曾在朋友婚礼上穿过一次 ❸ 状态最佳 ❹ 趁整理东西的机会 ❺ 需要快递的话

어법 트레이닝

주요 어법을 알아보며 실력을 쌓아 보세요.

❶

曾在朋友婚礼上穿过一次。
Céng zài péngyou hūnlǐ shang chuānguo yí cì.
예전에 친구 결혼식 때 한 번 입었어요.

술어 + 동량보어 + 목적어

💡 '一次'는 '한 번'이라는 뜻으로 술어 뒤에 놓여 동작의 횟수를 나타내는데, 이러한 문장 성분을 동량보어라고 합니다. 동량보어는 '一次'와 같이 수사와 양사가 결합한 형태로, 자주 쓰이는 양사로는 '次', '遍', '趟' 등이 있습니다.

我吃过一次麻辣烫。
Wǒ chīguo yí cì málàtàng.
나는 마라탕을 한 번 먹어본 적이 있다.

这本书我看了两遍*。
Zhè běn shū wǒ kàn le liǎng biàn.
나는 이 책을 두 번 봤다.

*강조하기 위해 목적어를 문장 앞으로 도치시킨 형태입니다.

단어 麻辣烫 málàtàng 명 마라탕

❷

趁整理东西的机会便宜出手。
Chèn zhěnglǐ dōngxi de jīhuì piányi chūshǒu.
짐 정리로 싸게 내놓습니다.

趁 + 명사/형용사/동사구

💡 '趁'은 '~을(를) 틈타서'라는 뜻의 전치사로, 어떠한 조건이나 기회를 이용하여 동작을 행할 때 쓰는 표현입니다. 주로 문장 앞에 위치합니다.

趁天还没黑，赶紧回家吧。
Chèn tiān hái méi hēi, gǎnjǐn huíjiā ba.
날이 어두워지기 전에 빨리 집에 가자.

饭要趁热吃，汤也要趁热喝。
Fàn yào chèn rè chī, tāng yě yào chèn rè hē.
밥은 뜨거울 때 먹어야 하고, 국도 식기 전에 마셔야 한다.

단어 赶紧 gǎnjǐn 부 빨리, 서둘러 | 汤 tāng 명 국, 탕

❸
> 需要快递的话，另加3,500韩元。
> Xūyào kuàidì de huà, lìng jiā sānqiān wǔbǎi Hányuán.
> 택배 거래 시 3,500원 추가.

| 문장 | + | 的话 |

💡 '……的话'는 '~한다면'이라는 의미로, 문장의 끝에 놓여 가정을 나타냅니다. 접속사 '如果'나 '要是' 등과 함께 쓰일 경우에는 생략 가능합니다.

你去不了的话，可以让他去。
Nǐ qù bu liǎo de huà, kěyǐ ràng tā qù.
너가 가지 못한다면, 그에게 가라고 해도 돼.

你有急事的话，就别来了。
Nǐ yǒu jí shì de huà, jiù bié lái le.
너 급한 일 있으면, 오지 마.

단어 急 jí 형 급하다

확인 학습

앞에서 배운 어법을 활용하여 아래 제시된 단어를 배열해 보세요.

❶ 很多   这首歌我   听   遍   了
_____
이 곡을 나는 여러 번 들었다.

❷ 还有   多陪陪   趁   父母   时间
_____
아직 시간이 있을 때 부모님과 함께 많은 시간을 보내렴.

❸ 明天   我一定   没事   会去   的话
_____
내일 일 없으면, 나는 꼭 갈 거야.

정답 확인
❶ 这首歌我听了很多遍。 ❷ 趁还有时间，多陪陪父母。 ❸ 明天没事的话，我一定会去。

표현 트레이닝

☑ 주요 표현을 익히고 응용해 보세요.

❶

> 这款黑色连衣裙端庄大方。
> Zhè kuǎn hēisè liányīqún duānzhuāng dàfang.
> 이 블랙 원피스는 단정하고 점잖아요.

분석하기 这款　　黑色连衣裙　　端庄大方
　　　　　　이　　　블랙 원피스　　단정하고 점잖다

핵심표현 양사 '款'은 '스타일, 타입, 디자인'이라는 의미로, 주로 옷이나 신발, 가방 등에 쓰입니다.

我喜欢这款高跟鞋。
Wǒ xǐhuan zhè kuǎn gāogēnxié.
나는 이런 스타일의 하이힐을 좋아한다.

이 가방은 한정판인가요? (한정판 **限量版**)

→ _____

❷

> 曾在朋友婚礼上穿过一次。
> Céng zài péngyou hūnlǐ shang chuānguo yí cì.
> 예전에 친구 결혼식 때 한 번 입었어요.

분석하기 曾　　在朋友婚礼上　　穿过　　一次
　　　　　예전에　친구 결혼식에서　입었었다　한 번

핵심표현 '在……上'은 '~에서'라는 의미로, 부사어 자리에 놓여 어떠한 동작이 일어나는 범위를 특정짓습니다.

领导在会议上批评了我。
Lǐngdǎo zài huìyì shang pīpíng le wǒ.
팀장님이 회의에서 나를 꾸짖었다.

그는 계약서에 사인했다. (계약서 **合同** / 사인하다 **签字**)

→ _____

✔ 모범 답안은 133p에서 확인하세요.

작문 트레이닝

📝 학습한 어법과 표현을 활용하여 다음 문장을 스스로 중작해 보세요.

게시글 쓰기 (2) 중고마켓 중고 제품 팔기

二手

이 블랙 원피스는 단정하고 점잖아서, 다양한 모임에 참석하기에 잘 어울립니다.
예전에 친구 결혼식 때 한 번 입었어요.
드라이 후 보관 중이고 상태 최상입니다.
짐 정리로 싸게 내놓습니다.
직거래 시 마곡역, 택배 거래 시 3,500원 추가.

✔ 모범 답안은 133p에서 확인하세요.

Chapter 13 이메일 쓰기 (1) 예약 취소 메일

단어 트레이닝

주요 단어를 확실히 나의 것으로 만들어 보세요. Track 13-01

한자	병음	뜻
尊敬	zūnjìng	(동) 존경하다
负责人	fùzérén	(명) 책임자, 담당자
于	yú	(전) ~에, ~에서 (시간이나 장소를 나타냄)
预定	yùdìng	(동) 예약하다
至	zhì	(동) ~까지 이르다
预约	yùyuē	(명) 예약 (동) 예약하다
为	wéi	(동) ~이다
由于	yóuyú	(접)(전) ~때문에, ~으로 인하여
疫情	yìqíng	(명) 전염병 발생 상황
期间	qījiān	(명) 기간
政府	zhèngfǔ	(명) 정부
限制	xiànzhì	(동) 제한하다
入境	rùjìng	(동) 입국하다
措施	cuòshī	(명) 조치
因此	yīncǐ	(접) 따라서, 이로 인해서
请求	qǐngqiú	(동) 요청하다, 청구하다
全额	quán'é	(형) 전액(으로), 액수의 전부를
退款	tuì kuǎn	환불(하다)
事态	shìtài	(명) (주로 나쁜 의미에서) 사태, 국면
好转	hǎozhuǎn	(동) 호전되다
要是	yàoshi	(접) 만약 ~한다면
入住	rùzhù	(동) (호텔 등에) 숙박하다, 체크인하다, 입주하다
敬	jìng	삼가
待	dài	(동) 기다리다
回复	huífù	(명) 답장, 회신 (동) 회신하다

작문 워밍업

다음 문장을 보고 우리말에 맞게 중국어로 작문해 보세요. 🎧 Track 13-02

❶ _____ ，您好！

존경하는 책임자님께, 안녕하세요!

❷ _____ ，

预约号码为5678。

저는 2020년 3월 5일에 5월 10일부터 15일까지 귀 호텔의 방을 예약했으며, 예약번호는 5678입니다.

但是，❸ _____ ，

我不能入境。

그러나 코로나 기간 동안 정부의 외국인 입국 제한 조치로 인해, 저는 입국을 할 수 없게 되었습니다.

因此，❹ _____ 。

따라서, 제가 한 호텔 예약에 대해 취소와 전액 환불을 요청합니다.

希望事态尽快好转，❺ _____ 。

敬待您的回复。

빨리 이 사태가 나아져서 나중에 기회가 된다면 귀 호텔에 다시 묵겠습니다. 답장 기다리겠습니다.

....

❶ 尊敬的负责人 ❷ 我于2020年3月5日预定了5月10日至15日的贵酒店房间 ❸ 由于疫情期间政府限制外国人入境的措施 ❹ 我请求取消预订并全额退款 ❺ 以后要是有机会再入住贵酒店

어법 트레이닝

주요 어법을 알아보며 실력을 쌓아 보세요.

❶

> 我于2020年3月5日预定了贵酒店房间。
> Wǒ yú èr líng èr líng nián sān yuè wǔ rì yùdìng le guì jiǔdiàn fángjiān.
> 저는 2020년 3월 5일에 귀 호텔의 방을 예약했습니다.

주어 + 于 + 시간 + 술어

💡 전치사 '于'는 시간을 나타내는 표현과 함께 쓰여, 동작이 일어난 시점을 나타냅니다. '于'는 서면어이기 때문에 회화에서는 주로 '在'를 사용합니다.

大韩民国于1948年成立。
Dàhánmínguó yú yī jiǔ sì bā nián chénglì.
대한민국은 1948년에 건립되었다.

北京奥运会于2008年8月8日召开。
Běijīng Àoyùnhuì yú èr líng líng bā nián bā yuè bā rì zhàokāi.
베이징 올림픽은 2008년 8월 8일에 개최되었다.

단어 大韩民国 Dàhánmínguó 고유 대한민국 | 成立 chénglì 동 건립하다, 창립하다 | 奥运会 Àoyùnhuì 고유 올림픽 | 召开 zhàokāi 동 개최하다

❷

> 由于政府限制外国人入境，我不能入境。
> Yóuyú zhèngfǔ xiànzhì wàiguórén rùjìng, wǒ bù néng rùjìng.
> 정부의 외국인 입국 제한으로 인해, 저는 입국을 할 수 없게 되었습니다.

由于 + 원인

💡 '由于'는 '~로 인해, ~ 때문에'라는 의미로, 문장 가장 앞에 놓여 원인을 나타냅니다. '因为'는 구어, '由于'는 서면어입니다.

由于经常躺着看手机，我的视力变差了。
Yóuyú jīngcháng tǎngzhe kàn shǒujī, wǒ de shìlì biàn chà le.
자주 누워서 휴대 전화를 보니까 내 시력이 나빠졌다.

由于天气原因，航班取消了。
Yóuyú tiānqì yuányīn, hángbān qǔxiāo le.
날씨로 인해 항공편이 취소됐다.

단어 躺 tǎng 동 눕다 | 视力 shìlì 명 시력 | 差 chà 형 나쁘다 | 原因 yuányīn 명 원인 | 航班 hángbān 명 항공편

❸
因此，我请求取消预订并全额退款。
Yīncǐ, wǒ qǐngqiú qǔxiao yùdìng bìng quán'é tuì kuǎn.
따라서, 제가 한 호텔 예약에 대해 취소와 전액 환불을 요청합니다.

因此 + 결과

 접속사 '因此'는 '따라서, 이로 인해서'라는 의미로 결과를 나타냅니다. 앞 절에 원인을 나타내는 접속사 '由于'와 호응하여 쓰기도 합니다.

她昨天和男朋友分手了，因此现在心情很不好。
Tā zuótiān hé nán péngyou fēnshǒu le, yīncǐ xiànzài xīnqíng hěn bù hǎo.
그녀는 어제 남자친구와 헤어져서 지금 기분이 아주 좋지 않다.

我跟他在一起很多年了，因此很了解他的性格。
Wǒ gēn tā zài yìqǐ hěn duō nián le, yīncǐ hěn liǎojiě tā de xìnggé.
나는 여러 해 동안 그와 함께했기 때문에 그의 성격을 아주 잘 안다.

단어 分手 fēnshǒu 통 헤어지다 | 心情 xīnqíng 명 기분 | 了解 liǎojiě 통 잘 알다 | 性格 xìnggé 명 성격

확인 학습

앞에서 배운 어법을 활용하여 아래 제시된 단어를 배열해 보세요.

❶ 成立　　中国　　10月1日　　1949年　　于
_____
중국은 1949년 10월 1일에 건립되었다.

❷ 经常迟到　　他被　　批评了　　老师　　由于
_____
잦은 지각으로 인해 그는 선생님께 꾸지람을 들었다.

❸ 因此　　认真工作　　得到了　　她每天　　大家的信任
_____
그녀는 매일 성실하게 일해서 모두의 신임을 얻었다.

정답 확인
❶ 中国于1949年10月1日成立。　❷ 由于经常迟到，他被老师批评了。　❸ 她每天认真工作，因此得到了大家的信任。

표현 트레이닝

☑ 주요 표현을 익히고 응용해 보세요.

❶

> 预约号码为5678。
> Yùyuē hàomǎ wéi wǔ liù qī bā.
> 예약번호는 5678입니다.

분석하기

预约号码	为	5678
예약번호는	~이다	5678

핵심표현 '为'는 '~이다'라는 뜻의 동사로, 동사 '是'와 같은 용법으로 쓰입니다. 다만, '为'는 서면어이기 때문에 문서상에서만 사용합니다.

北京为中国的首都。
Běijīng wéi Zhōngguó de shǒudū.
베이징은 중국의 수도이다.

유효 기간은 3개월이다. (유효 기간 有效期)

→ _____

❷

> 以后要是有机会再入住贵酒店。
> Yǐhòu yàoshi yǒu jīhuì zài rùzhù guì jiǔdiàn.
> 나중에 기회가 된다면 귀 호텔에 다시 묵겠습니다.

분석하기

以后	要是有机会	再入住	贵酒店
나중에	기회가 된다면	다시 숙박하겠다	귀 호텔에

핵심표현 '要是有机会'는 '기회가 된다면'이라는 의미로, 자주 쓰이는 표현입니다. '要是'는 '如果'와 같이 '만약 ~한다면'이라는 뜻의 접속사로, 가정을 나타냅니다

以后要是有机会，来我家玩儿吧。
Yǐhòu yàoshi yǒu jīhuì, lái wǒ jiā wánr ba.
나중에 기회가 된다면 우리 집에 놀러 오렴.

기회가 된다면, 나는 너와 함께 바다를 보고 싶어.

→ _____

✓ 모범 답안은 134p에서 확인하세요.

작문 트레이닝

학습한 어법과 표현을 활용하여 다음 문장을 스스로 중작해 보세요.

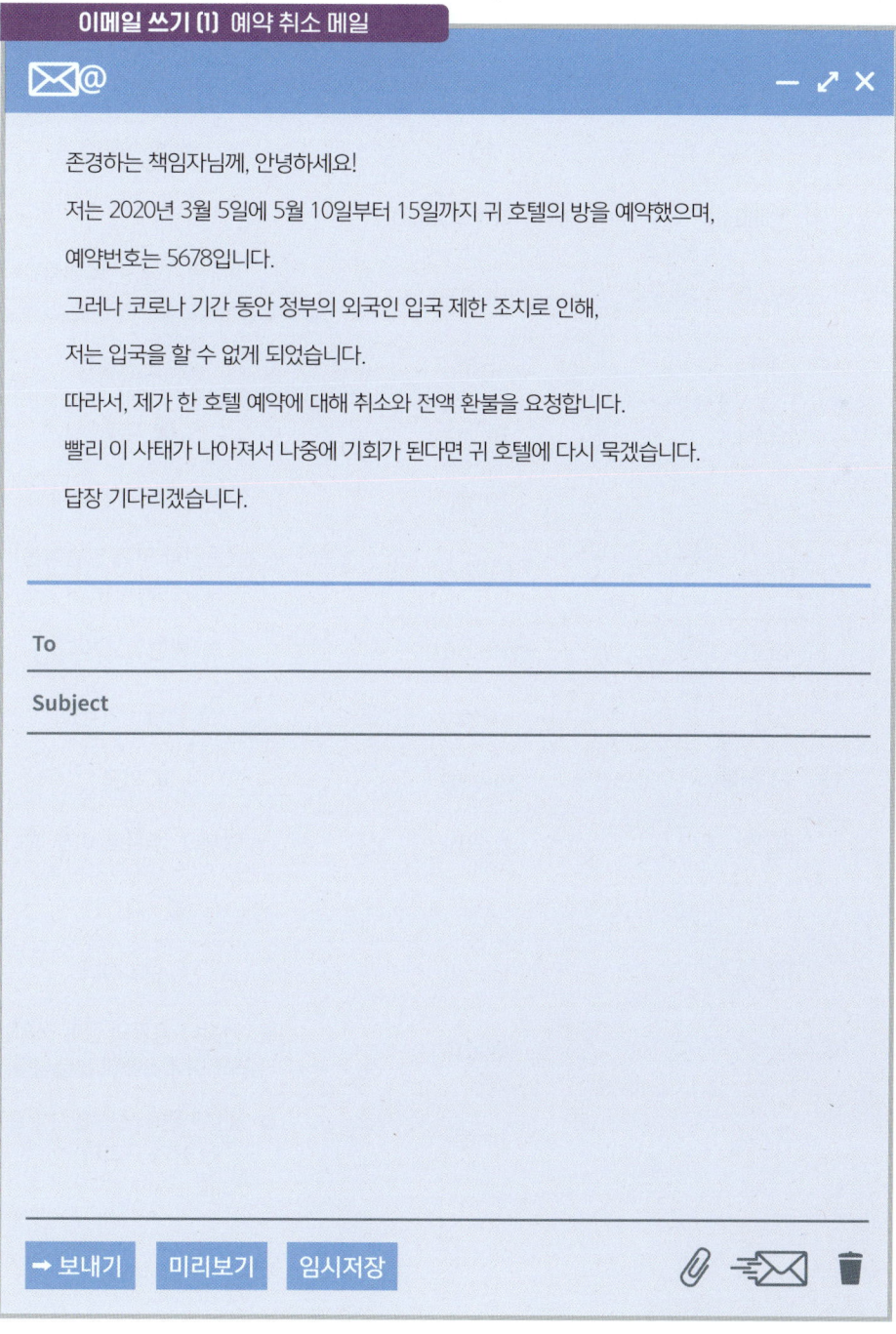

이메일 쓰기 (2) 업무 관련 메일

단어 트레이닝

주요 단어를 확실히 나의 것으로 만들어 보세요.　　Track 14-01

한자	병음	뜻
发	fā	동 발송하다
电子邮件	diànzǐ yóujiàn	이메일
收悉	shōuxī	동 (편지·공문 따위를) 잘 받아 보다
把	bǎ	전 ~을(를)
资料	zīliào	명 자료
放	fàng	동 놓다, 두다, 넣다
附件	fùjiàn	명 (문건과 함께 발송하는) 첨부 서류
查收	cháshōu	동 확인하고 받다
若	ruò	접 만약 ~이라면
疑问	yíwèn	명 의문
随时	suíshí	부 언제나, 수시로, 아무 때나
与	yǔ	전 ~와(과)
联系	liánxì	동 연락하다
此致	cǐzhì	동 (편지나 공문의 끝에 쓰이는 말로) 이에 ~에게 보냅니다
敬礼	jìnglǐ	동 (편지 끝에 쓰는 인사말로) 삼가 드리다

작문 워밍업

다음 문장을 보고 우리말에 맞게 중국어로 작문해 보세요.　　　　　　Track 14-02

尊敬的OOO：您好！　❶ _____。

존경하는 OOO님께: 안녕하세요! 보내주신 메일 잘 받았습니다.

❷ _____，请查收。

제 자료를 첨부 파일로 보내 드립니다, 확인 부탁 드려요.

❸ _____。

궁금하신 점이 있으시면, 언제든지 연락 주세요.

❹ _____。谢谢。

빠른 시일 내에 회신을 받았으면 합니다. 감사합니다.

❺ _____。此致敬礼。

건강하시고, 하시는 일이 잘 되시길 바랍니다! 안녕히 계세요.

---

❶ 您发给我的电子邮件，已收悉　❷ 我把我的资料放在附件里了　❸ 若有疑问，请随时与我联系　❹ 希望尽快收到您的回复　❺ 祝您身体健康，工作顺利

어법 트레이닝

📝 주요 어법을 알아보며 실력을 쌓아 보세요.

❶
> 我把我的资料放在附件里了。
> Wǒ bǎ wǒ de zīliào fàng zài fùjiàn li le.
> 제 자료를 첨부 파일로 보내 드립니다.

| 주어 | + | 把 | + | 목적어 | + | 술어 | + | 기타성분 |

💡 목적어를 '把+목적어' 형태로 바꾸어 술어 앞으로 도치하는 문장을 '把자문'이라고 합니다. 목적어를 앞에 둠으로써, 술어와 기타성분의 의미를 강조합니다.

我又把钱包忘在家里了。
Wǒ yòu bǎ qiánbāo wàng zài jiā li le.
나는 또 지갑을 집에 놓고 왔다.

他把那本书扔了。
Tā bǎ nà běn shū rēng le.
그는 그 책을 버렸다.

단어 忘 wàng 图 잊다 | 扔 rēng 图 버리다

❷
> 若有疑问，……。
> Ruò yǒu yíwèn, …….
> 궁금하신 점이 있으시면, ~.

| 若 | + | 술어 | + | 목적어 |

💡 '若'는 '만약 ~이라면'이라는 의미로, 가정을 나타내는 접속사입니다. 회화에서는 주로 '如果'나 '要是'를 사용하고, '若'는 일반적으로 이메일이나 공문 등에 쓰입니다.

若回到童年，你想做什么？
Ruò huídào tóngnián, nǐ xiǎng zuò shénme?
만약 어린 시절로 돌아간다면, 너는 무엇을 하고 싶니?

若有喜欢的人，就早点儿成家吧。
Ruò yǒu xǐhuan de rén, jiù zǎo diǎnr chéngjiā ba.
만약 좋아하는 사람이 있다면, 빨리 가정을 꾸리렴.

단어 童年 tóngnián 명 어린 시절 | 成家 chéngjiā 图 가정을 꾸리다, 결혼하다

❸
请随时与我联系。
Qǐng suíshí yǔ wǒ liánxì.
언제든지 연락 주세요.

| 与 | + | 대상 | + | 联系 |

 '与……联系'는 '~와 연락하다, ~에게 연락하다'라는 의미로, '与'와 '联系' 사이에 연락하고자 하는 대상이 옵니다. 전치사 '与'는 '跟'과 '和'와 동일한 용법으로 쓰이는 서면어입니다.

后来他试图与她联系。
Hòulái tā shìtú yǔ tā liánxì.
그 뒤에 그는 그녀와 연락하려고 했다.

如何与网络警察联系?
Rúhé yǔ wǎngluò jǐngchá liánxì?
사이버 수사대에 어떻게 연락하나요?

단어 后来 hòulái 명 그 뒤, 그 후 | 试图 shìtú 동 ~하려고 하다 | 如何 rúhé 대 어떻게 | 网络警察 wǎngluò jǐngchá 사이버 수사대

확인 학습

앞에서 배운 어법을 활용하여 아래 제시된 단어를 배열해 보세요.

❶ 房间里   他把   挂在   衣服   了
_____
그는 옷을 방 안에 걸어 두었다.

❷ 就仔细   若   难题   思考   遇到
_____
만약 어려운 문제에 부딪힌다면, 곰곰이 생각해 보세요.

❸ 请与   有拾到者   联系   失主
_____
습득하신 분이 계시다면, 분실하신 분에게 연락 주세요.

정답 확인
❶ 他把衣服挂在房间里了。 ❷ 若遇到难题, 就仔细思考。 ❸ 有拾到者, 请与失主联系。

표현 트레이닝

☑ 주요 표현을 익히고 응용해 보세요.

❶

> 您发给我的电子邮件，已收悉。
> Nín fā gěi wǒ de diànzǐ yóujiàn, yǐ shōuxī.
> 보내주신 메일 잘 받았습니다.

분석하기

您发给我的	电子邮件	已收悉
당신이 저에게 보낸	이메일을	이미 잘 받아보았습니다

핵심표현 동사 '收悉'는 '잘 받았고 내용도 확인했다'라는 의미를 내포하고 있습니다. 업무적으로 메일을 주고받을 경우 자주 사용하는 표현입니다.

来信和附件已收悉。
Láixìn hé fùjiàn yǐ shōuxī.
메일과 첨부 파일 잘 받았습니다.

보내주신 견적서 잘 받았습니다. (견적서 报价)

→ _____

❷

> 希望尽快收到您的回复。
> Xīwàng jǐnkuài shōudào nín de huífù.
> 빠른 시일 내에 회신을 받았으면 합니다.

분석하기

希望	尽快	收到	您的回复
~하길 바라다	되도록 빨리	받다	당신의 회신을

핵심표현 이메일을 주고받을 때 '회신 부탁 드립니다'라는 말을 중국어로는 '希望收到您的回复'라고 표현할 수 있습니다. '希望' 대신 '期待'로 바꾸어 쓰기도 합니다.

期待尽快收到您的回复。
Qīdài jǐnkuài shōudào nín de huífù.
빠른 시일 내에 회신을 받길 기대합니다.

당신의 회신을 기다리겠습니다. (기다리다 等待)

→ _____

✓ 모범 답안은 134p에서 확인하세요.

작문 트레이닝

학습한 어법과 표현을 활용하여 다음 문장을 스스로 중작해 보세요.

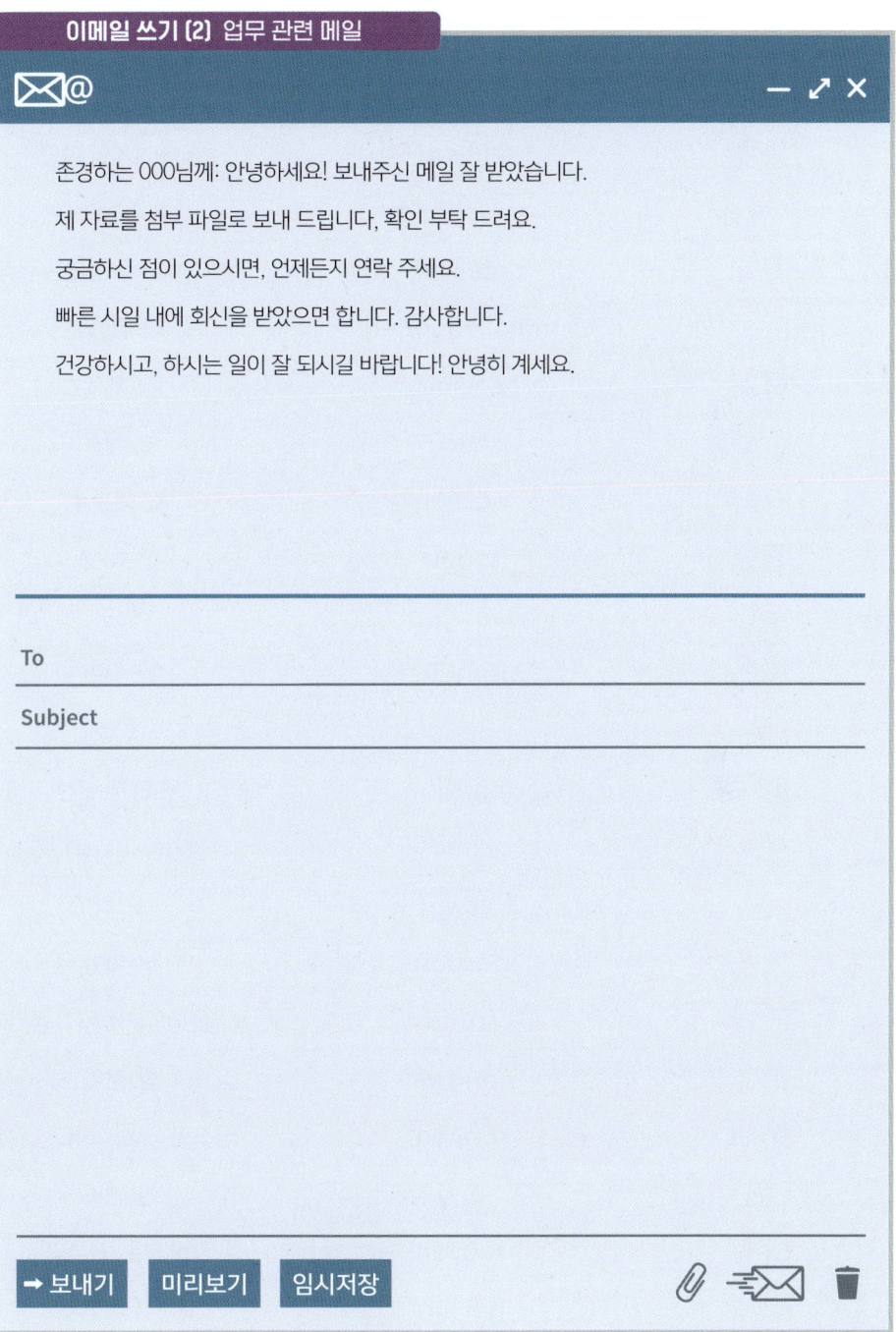

이메일 쓰기 (2) 업무 관련 메일

존경하는 OOO님께: 안녕하세요! 보내주신 메일 잘 받았습니다.

제 자료를 첨부 파일로 보내 드립니다, 확인 부탁 드려요.

궁금하신 점이 있으시면, 언제든지 연락 주세요.

빠른 시일 내에 회신을 받았으면 합니다. 감사합니다.

건강하시고, 하시는 일이 잘 되시길 바랍니다! 안녕히 계세요.

To

Subject

➡ 보내기   미리보기   임시저장

✔ 모범 답안은 134p에서 확인하세요.

블로그 쓰기 (1) 요리 레시피

단어 트레이닝

주요 단어를 확실히 나의 것으로 만들어 보세요.   🎧 Track 15-01

한자	병음	뜻
只要	zhǐyào	접 ~하기만 하면
麻辣酱	málàjiàng	마라 소스
美味	měiwèi	형 맛있다 명 맛있는 음식
麻辣香锅	málà xiāngguō	마라샹궈
材料	cáiliào	명 재료
蔬菜	shūcài	명 채소
海鲜	hǎixiān	명 해산물
蘑菇	mógu	명 버섯
年糕	niángāo	명 떡
粉条	fěntiáo	명 당면
等	děng	조 등
首先	shǒuxiān	부 먼저, 우선
炒	chǎo	동 (기름 따위로) 볶다
葱	cōng	명 파
大蒜	dàsuàn	명 마늘
散发	sànfā	동 발산하다, 내뿜다, 풍기다
香味	xiāngwèi	향, 향기
然后	ránhòu	접 그런 후에, 그러고 나서
锅	guō	명 냄비
所有	suǒyǒu	형 모든, 전부의
配料	pèiliào	명 양념, 조미료
熟	shú	형 (음식이) 익다

작문 워밍업

다음 문장을 보고 우리말에 맞게 중국어로 작문해 보세요. 🎧 Track 15-02

---

❶ _____，在家也可以简单地做美味的麻辣香锅。

마라 소스만 있으면 집에서도 맛있는 마라샹궈를 간단하게 만들 수 있습니다.

材料呢，❷ _____。
蔬菜、肉、海鲜、蘑菇、年糕、粉条等等。

재료는 자기가 넣고 싶은 대로, 냉장고에 있는 대로 준비합니다. 채소, 고기, 해산물, 버섯, 떡, 당면 등.

❸ _____，让它们散发香味。

먼저 뜨거운 기름에 파와 마늘을 볶아 향을 냅니다.

❹ _____ 都放锅里炒一下就可以了。

그런 후에 준비한 재료를 모두 넣고 볶으면 됩니다.

❺ _____，就做成麻辣香锅了！

모든 재료에 양념이 배고 잘 볶아지면 마라샹궈 만들기 끝!

---

❶ 只要有麻辣酱 ❷ 自己想放什么就放什么，冰箱里有什么就准备什么
❸ 首先用热油炒葱和大蒜 ❹ 然后把准备好的材料 ❺ 所有的材料配料都炒熟

어법 트레이닝

주요 어법을 알아보며 실력을 쌓아 보세요.

❶

> 只要有麻辣酱，在家也可以简单地做美味的麻辣香锅。
> Zhǐyào yǒu málàjiàng, zài jiā yě kěyǐ jiǎndān de zuò měiwèi de málà xiāngguō.
> 마라 소스만 있으면 집에서도 맛있는 마라샹궈를 간단하게 만들 수 있습니다.

只要 + 조건 + (就) + 결과

💡 '只要'는 '~하기만 하면'이라는 의미로, 조건 관계를 나타내는 접속사입니다. 뒤 절에는 조건에 따른 결과가 나오며, 주로 '就'와 함께 쓰입니다.

只要便宜就好。
Zhǐyào piányi jiù hǎo.
싸기만 하면 된다.

只要坚持就能成功。
Zhǐyào jiānchí jiù néng chénggōng.
꾸준히 하기만 하면 성공할 수 있다.

[단어] 坚持 jiānchí 동 꾸준히 하다, 고수하다 | 成功 chénggōng 동 성공하다

❷

> 用热油炒葱和大蒜，让它们散发香味。
> Yòng rè yóu chǎo cōng hé dàsuàn, ràng tāmen sànfā xiāngwèi.
> 뜨거운 기름에 파와 마늘을 볶아 향을 냅니다.

술어 1 + 목적어 1 + 술어 2 + 목적어 2

💡 하나의 주어가 이끄는 술어가 두 개 이상인 연동문 중에서 '用+목적어 1+술어+목적어 2' 형태는 '用'이 '술어'의 방식이나 수단을 나타냅니다.

他经常用手机玩游戏。
Tā jīngcháng yòng shǒujī wán yóuxì.
그는 휴대 전화로 자주 게임을 한다.

我想用中文写日记。
Wǒ xiǎng yòng Zhōngwén xiě rìjì.
나는 중국어로 일기를 쓰고 싶다.

[단어] 游戏 yóuxì 명 게임 | 中文 Zhōngwén 고유 중국어 | 日记 rìjì 명 일기

❸
> 所有的材料配料都炒熟，就做成麻辣香锅了！
> Suǒyǒu de cáiliào pèiliào dōu chǎo shú, jiù zuòchéng málà xiāngguō le!
> 모든 재료에 양념이 배고 잘 볶아지면 마라샹궈 만들기 끝!

| 所有 | + | 명사 |

 '所有'는 '모든, 전부'라는 뜻의 형용사로, 명사를 수식합니다. '所有的'의 형태로도 쓰이며, '的'는 생략이 가능합니다.

所有的问题都解决了。
Suǒyǒu de wèntí dōu jiějué le.
모든 문제가 해결됐다.

地铁上所有人都在玩手机。
Dìtiě shang suǒyǒu rén dōu zài wán shǒujī.
지하철에 있는 모든 사람이 휴대 전화를 하고 있다.

단어 解决 jiějué 통 해결하다 | 地铁 dìtiě 명 지하철

확인 학습

앞에서 배운 어법을 활용하여 아래 제시된 단어를 배열해 보세요.

❶ 就   睡眠   只要   不好   头疼
_____
잠을 잘못 자기만 하면 머리가 아프다.

❷ 沟通   电子邮件   用   他们
_____
그들은 이메일로 소통한다.

❸ 我   了   办法   用尽   所有的
_____
나는 모든 방법을 다음 썼다.

정답 확인
❶ 只要睡眠不好就头疼。 ❷ 他们用电子邮件沟通。 ❸ 我用尽了所有的办法。

표현 트레이닝

☑ 주요 표현을 익히고 응용해 보세요.

❶

> 首先用热油炒葱和大蒜。
> Shǒuxiān yòng rè yóu chǎo cōng hé dàsuàn.
> 먼저 뜨거운 기름에 파와 마늘을 볶습니다.

분석하기

首先	用	热油	炒	葱和大蒜
맨 먼저	~을(를) 써서	뜨거운 기름을	볶는다	파와 마늘을

핵심표현 부사 '首先'은 '먼저, 우선'이라는 뜻으로, 문장 맨 앞에 위치합니다. 일반적으로 뒤 절에 '然后'나 '其次' 등과 호응하여 쓰입니다.

要取得好成绩，首先要好好儿听课。
Yào qǔdé hǎo chéngjì, shǒuxiān yào hǎohāor tīngkè.
좋은 성적을 받으려면, 우선 수업을 잘 들어야 한다.

일을 해내려면, 우선 반드시 자신이 있어야 한다. (반드시 必须 / 자신 自信)

→ _____

❷

> 然后把准备好的材料都放锅里炒一下就可以了。
> Ránhòu bǎ zhǔnbèi hǎo de cáiliào dōu fàng guō li chǎo yíxià jiù kěyǐ le.
> 그런 후에 준비한 재료를 모두 넣고 볶으면 됩니다.

분석하기

然后	把准备好的材料	都放	锅里	炒一下	就	可以了
그런 후에	준비한 재료를	모두 넣다	냄비에	좀 볶다	~하면	된다

핵심표현 접속사 '然后'는 '그런 후에, 그러고 나서'라는 뜻으로, 뒤 절 가장 앞에 위치합니다. 앞 절에 '先'이나 '首先' 등과 호응하여 쓰입니다.

到家后，先洗手然后换衣服。
Dào jiā hòu, xiān xǐshǒu ránhòu huàn yīfu.
집에 도착한 후에 먼저 손을 씻고 옷을 갈아 입으렴.

우리 우선 토론 좀 하고, 그런 후에 결정하자. (토론하다 讨论 / 결정하다 做决定)

→ _____

작문 트레이닝

학습한 어법과 표현을 활용하여 다음 문장을 스스로 중작해 보세요.

블로그 쓰기 (1) 요리 레시피

博客

마라 소스만 있으면 집에서도 맛있는 마라샹궈를 간단하게 만들 수 있습니다.

재료는 자기가 넣고 싶은 대로, 냉장고에 있는 대로 준비합니다.

채소, 고기, 해산물, 버섯, 떡, 당면 등.

먼저 뜨거운 기름에 파와 마늘을 볶아 향을 냅니다.

그런 후에 준비한 재료를 모두 넣고 볶으면 됩니다.

모든 재료에 양념이 배고 잘 볶아지면 마라샹궈 만들기 끝!

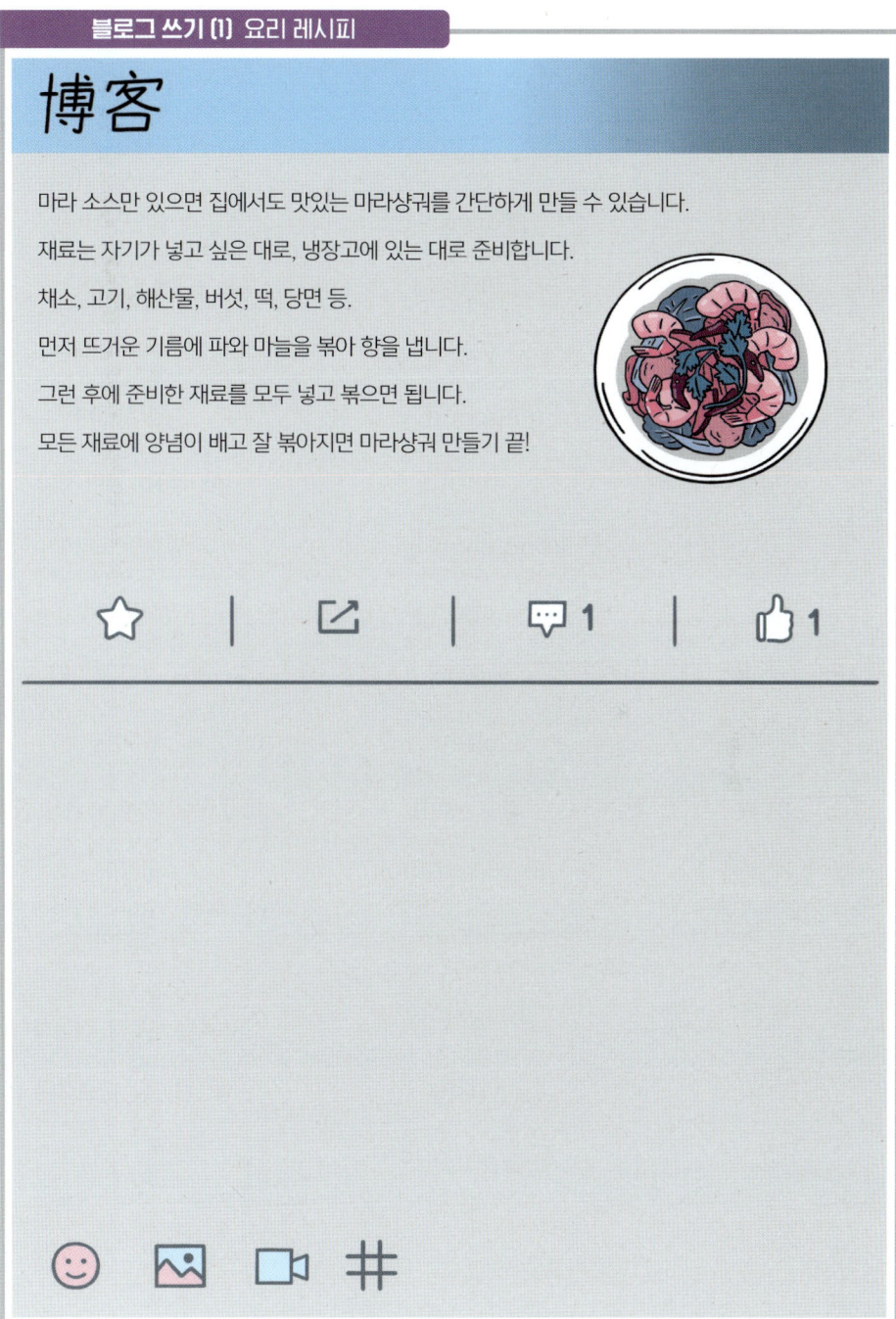

✔ 모범 답안은 135p에서 확인하세요.

Chapter 16 블로그 쓰기 (2) 드라마 리뷰

단어 트레이닝

주요 단어를 확실히 나의 것으로 만들어 보세요. Track 16-01

한자	병음	뜻
迷	mí	동 빠지다
台湾	Táiwān	고유 대만, 타이완
电视剧	diànshìjù	명 드라마
与其	yǔqí	접 ~하기 보다는
青春剧	qīngchūn jù	청춘 드라마
不如	bùrú	동 ~하는 편이 낫다
时空穿越剧	shíkōng chuānyuè jù	타임슬립 드라마
加上	jiāshàng	접 더하다
剧情	jùqíng	명 (극의) 줄거리
剧本	jùběn	명 각본
导演	dǎoyǎn	동 연출하다 명 연출자, 감독
影像美	yǐngxiàng měi	영상미
完美	wánměi	형 완벽하다
通宵	tōngxiāo	명 밤새 동 밤을 새우다, 철야하다
结束	jiéshù	동 끝나다, 종결하다
许光汉	Xǔ Guānghàn	고유 허광한, 쉬광한(인명)

작문 워밍업

다음 문장을 보고 우리말에 맞게 중국어로 작문해 보세요. 🎧 Track 16-02

❶ _____ 《想见你》。

요즘 대만드라마 <상견니>에 푹 빠졌어요.

《想见你》 ❷ _____ ,
不如说是时空穿越剧加上一些青春剧情的电视剧。

<상견니>는 청춘물이라고 하기보다는 타임슬립물에 약간의 청춘물을 가미한 드라마인데요.

剧本、导演、演技、影像美、OST等都很完美。

각본, 연출, 연기력, 영상미, OST 모든 게 완벽한 드라마라고 말하고 싶어요.

❸ _____ ,通宵看了到周一凌晨4点半。

일요일 아침에 보기 시작해서 밤을 꼬박 새우고 월요일 새벽 네 시 반까지 봤어요.

❹ _____ ,去许光汉生活的台湾看看。

얼른 코로나가 끝나서 허광한이 있는 대만으로 가보고 싶어요.

---

❶ 最近迷上了台湾电视剧 ❷ 与其说是青春剧 ❸ 从周日上午开始看 ❹ 真希望疫情快点结束

어법 트레이닝

주요 어법을 알아보며 실력을 쌓아 보세요.

❶

《想见你》与其说是青春剧，不如说是时空穿越剧。
《Xiǎng jiàn nǐ》 yǔqí shuō shì qīngchūn jù, bùrú shuō shì shíkōng chuānyuè jù.
<상견니>는 청춘물이라고 하기보다는 타임슬립물이에요.

| 与其 | + | A | , | 不如 | + | B |

💡 '与其A, 不如B'는 직역하면 'A하는 것은 B하는 것만 못하다'로, 'A하기 보다는 차라리 B하는 편이 낫다'라는 의미를 나타냅니다. 선택 관계를 나타내는 접속사 구문입니다.

与其吃这些垃圾食品，不如什么都不吃。
Yǔqí chī zhèxiē lājī shípǐn, bùrú shénme dōu bù chī.
이런 정크 푸드를 먹을 바에는 차라리 아무것도 먹지 않는 편이 낫다.

与其浪费时间，不如做一些有意义的事情。
Yǔqí làngfèi shíjiān, bùrú zuò yìxiē yǒu yìyì de shìqing.
시간을 낭비할 바에는 차라리 의미 있는 일을 하는 것이 낫다.

단어 垃圾食品 lājī shípǐn 정크 푸드 | 浪费 làngfèi 통 낭비하다 | 意义 yìyì 명 의미, 의의

❷

从周日上午开始看，通宵看了到周一凌晨4点半。
Cóng zhōurì shàngwǔ kāishǐ kàn, tōngxiāo kàn le dào zhōuyī língchén sì diǎn bàn.
일요일 아침에 보기 시작해서 밤을 꼬박 새우고 월요일 새벽 네 시 반까지 봤어요.

| 从 | + | A | + | 开始 |

💡 '从……开始'는 '~부터 시작해서'라는 의미로, 어떤 상황이 발생하기 시작한 시점을 나타냅니다.

从第一次看见她开始，我就喜欢上她了。
Cóng dì-yī cì kànjiàn tā kāishǐ, wǒ jiù xǐhuan shàng tā le.
그녀를 처음 봤을 때부터 나는 그녀를 좋아하게 됐다.

从现在开始，我和你毫无关系。
Cóng xiànzài kāishǐ, wǒ hé nǐ háo wú guānxi.
지금부터 나와 너는 아무런 관계도 아니다.

단어 毫 háo 뵘 조금도(부정형에만 쓰임) | 无 wú 통 없다

❸
> 真希望去许光汉生活的台湾看看。
> Zhēn xīwàng qù Xǔ Guānghàn shēnghuó de Táiwān kànkan.
> 정말 허광한이 있는 대만으로 가보고 싶어요.

| 동사 A | + | 동사 A |

💡 동사를 중첩하면 '한번 ~해보다, 좀 ~하다'라는 의미를 나타냅니다. 1음절 동사는 'AA' 형태로, 2음절 동사는 'ABAB' 형태로 중첩합니다. 이때 두 번째 동사는 가볍게 발음합니다.

你等等，我去趟洗手间。
Nǐ děngdeng, wǒ qù tàng xǐshǒujiān.
잠깐 기다려, 나 화장실 다녀올게.

你们休息休息吧。
Nǐmen xiūxi xiūxi ba.
너희 좀 쉬렴.

단어 趟 tàng ⑱ 번, 차례(왕복하는 횟수를 나타냄) | 洗手间 xǐshǒujiān ⑲ 화장실

✏️ 확인 학습

앞에서 배운 어법을 활용하여 아래 제시된 단어를 배열해 보세요.

❶ 出去喝酒　　不如　　躺着　　与其　　在家

_____

나가서 술을 마실 바에는 차라리 집에 누워있는 편이 낫다.

❷ 我要　　开始　　减肥　　今天　　从

_____

오늘부터 나는 다이어트 할 거야!

❸ 说　　你　　说　　快

_____

너 빨리 좀 얘기해.

정답 확인
❶ 与其出去喝酒，不如在家躺着。　❷ 从今天开始，我要减肥！　❸ 你快说说。

표현 트레이닝

☑ 주요 표현을 익히고 응용해 보세요.

❶
> 最近迷上了台湾电视剧《想见你》。
> Zuìjìn míshàng le Táiwān diànshìjù 《Xiǎng jiàn nǐ》.
> 요즘 대만드라마 <상견니>에 푹 빠졌어요.

분석하기
最近	迷上了	台湾电视剧《想见你》
요즘	~에 빠지다	대만드라마 <상견니>에

핵심표현 '迷上了'는 '~에 빠졌다'라는 의미로, '빠지다'라는 뜻의 동사 '迷'와 방향보어 '上'이 결합한 형태입니다.

> 他本来学习很好，由于迷上了电子游戏，现在退步了。
> Tā běnlái xuéxí hěn hǎo, yóuyú míshàng le diànzǐ yóuxì, xiànzài tuìbù le.
> 그는 원래 공부를 잘했는데, 온라인 게임에 빠져서 지금은 (성적이) 나빠졌다.

나는 요즘 중국 연예인에 빠졌다. (연예인 明星)

→ _____

❷
> 通宵看了到周一凌晨4点半。
> Tōngxiāo kàn le dào zhōuyī língchén sì diǎn bàn.
> 밤을 꼬박 새우고 월요일 새벽 네 시 반까지 봤어요.

분석하기
通宵看了	到周一凌晨4点半
밤을 새우고 봤다	월요일 새벽 네 시 반까지

핵심표현 '通宵'는 '밤새'라는 뜻의 명사로, 주로 동사와 함께 쓰여 '밤새 ~하다'라는 의미를 나타냅니다.

> 我昨天通宵喝酒了。
> Wǒ zuótiān tōngxiāo hē jiǔ le.
> 나는 어제 밤새 술을 마셨다.

나는 KTV에 가서 밤새도록 노래 부르고 싶다. (밤새도록 노래 부르다 **唱通宵**)

→ _____

✔ 모범 답안은 135p에서 확인하세요.

작문 트레이닝

학습한 어법과 표현을 활용하여 다음 문장을 스스로 중작해 보세요.

블로그 쓰기 (2) 드라마 리뷰

博客

요즘 대만드라마 <상견니>에 푹 빠졌어요.

<상견니>는 청춘물이라고 하기보다는 타임슬립물에 약간의 청춘물을 가미한 드라마인데요.

각본, 연출, 연기력, 영상미, OST 모든 게 완벽한 드라마라고 말하고 싶어요.

일요일 아침에 보기 시작해서 밤을 꼬박 새우고 월요일 새벽 네 시 반까지 봤어요.

얼른 코로나가 끝나서 허광한이 있는 대만으로 가 보고 싶어요.

  | | 1 | 1

✔ 모범 답안은 135p에서 확인하세요.

Chapter 17 블로그 쓰기 (3) 제품 리뷰

단어 트레이닝

주요 단어를 확실히 나의 것으로 만들어 보세요. Track 17-01

한자	병음	뜻
如今	rújīn	명 (비교적 먼 과거에 대비하여) 지금, 오늘날
免疫力	miǎnyìlì	면역력
尤其	yóuqí	부 특히, 더욱
使	shǐ	동 ~하게 하다
保持	bǎochí	동 유지하다
清洁	qīngjié	형 깨끗하다, 청결하다
患有	huànyǒu	~을(를) 앓고 있다, ~에 걸리다
严重	yánzhòng	형 심각하다
鼻炎	bíyán	명 비염
灰尘	huīchén	명 먼지
打喷嚏	dǎ pēntì	재채기를 하다
咳嗽	késou	동 기침하다
扫地机器人	sǎodì jīqìrén	로봇 청소기
轻松	qīngsōng	형 (일 따위가) 수월하다, 가볍다
节省	jiéshěng	동 아끼다, 절약하다
精力	jīnglì	명 에너지
值得	zhíde	동 ~할 만하다, ~할 만한 가치가 있다
发明	fāmíng	명 발명품, 발명
强烈	qiángliè	형 강렬하다, 강하다
推荐	tuījiàn	동 추천하다
苦于	kǔyú	동 ~로 고생하다
压力	yālì	명 스트레스

작문 워밍업

다음 문장을 보고 우리말에 맞게 중국어로 작문해 보세요. Track 17-02

❶ _____ 。为了健康，必须使室内环境保持清洁。

요즘엔 면역력이 특히 중요해졌죠. 건강을 위해서, 집 안 환경부터 깨끗하게 만들어줘야 하잖아요.

我患有严重的鼻炎，❷ _____ 。

저는 심각한 비염을 앓고 있어서, 먼지가 조금만 있어도 재채기랑 기침을 하거든요.

但是现在有了扫地机器人，❸ _____ ，我的日常生活也更轻松。

그런데 지금은 로봇 청소기가 있어서, 방을 정말 깨끗하게 청소해서, 저의 일상이 훨씬 수월해졌어요.

❹ _____ ，真是个值得感谢的发明。

로봇 청소기는 저의 시간과 에너지를 아껴주는 참 고마운 발명품이랍니다.

强烈推荐 ❺ _____ 。

청소 스트레스로 고생하시는 분들에게 로봇 청소기 강력 추천합니다.

----

❶ 如今免疫力变得尤其重要 ❷ 只要有一点儿灰尘，也会打喷嚏和咳嗽 ❸ 房间打扫得非常干净 ❹ 它节省了我的时间和精力 ❺ 给那些苦于清洁压力的人

어법 트레이닝

주요 어법을 알아보며 실력을 쌓아 보세요.

❶
> 为了健康，必须使室内环境保持清洁。
> Wèile jiànkāng, bìxū shǐ shìnèi huánjìng bǎochí qīngjié.
> 건강을 위해서, 집 안 환경부터 깨끗하게 만들어줘야 하잖아요.

使 + 대상 + 술어

💡 '使'은 '让'과 동일하게 겸어문을 만드는 사역동사이나 '使'은 서면어이기 때문에 회화에서는 잘 사용하지 않습니다. 겸어문에서 부사, 조동사, 전치사구 등의 부사어는 일반적으로 첫 번째 술어(사역동사) 앞에 위치합니다.

旅游可以使人开阔眼界。
Lǚyóu kěyǐ shǐ rén kāikuò yǎnjiè.
여행은 사람으로 하여금 견문을 넓힐 수 있게 한다.

经济危机使很多人失去了工作。
Jīngjì wēijī shǐ hěn duō rén shīqù le gōngzuò.
경제 위기는 많은 사람이 일자리를 잃게 했다.

단어 开阔 kāikuò 동 넓히다 | 眼界 yǎnjiè 명 견문 | 经济 jīngjì 명 경제 | 危机 wēijī 명 위기 | 失去 shīqù 동 잃다

❷
> 它真是个值得感谢的发明。
> Tā zhēn shì ge zhíde gǎnxiè de fāmíng.
> 그것은 참 고마운 발명품이랍니다.

值得 + 동사/구

💡 '值得'는 '~할 만하다, ~할 만한 가치가 있다'라는 뜻의 동사입니다. '值得'의 목적어 자리에는 동사나 구가 위치합니다.

他刻苦努力的精神值得我们学习。
Tā kèkǔ nǔlì de jīngshén zhíde wǒmen xuéxí.
고생을 마다하지 않고 노력하는 그의 정신은 우리가 배울 만하다.

那个博客里有很多值得看的东西。
Nà ge bókè li yǒu hěn duō zhíde kàn de dōngxi.
그 블로그에는 볼 만한 것들이 많이 있다.

단어 刻苦 kèkǔ 형 고생을 마다하지 않다 | 精神 jīngshén 명 정신 | 博客 bókè 명 블로그

❸
> 强烈推荐给那些苦于清洁压力的人。
> Qiángliè tuījiàn gěi nàxiē kǔyú qīngjié yālì de rén.
> 청소 스트레스로 고생하시는 분들에게 로봇 청소기 강력 추천합니다.

술어 + 결과보어(전치사구)

 술어 뒤 결과보어로 전치사구가 오는 경우도 있습니다. 자주 쓰이는 전치사로는 '给', '在', '到', '自' 등이 있습니다.

他出生在一个小村子。
Tā chūshēng zài yí ge xiǎo cūnzi.
그는 작은 마을에서 태어났다.

我把牛奶放到冰箱里。
Wǒ bǎ niúnǎi fàng dào bīngxiāng li.
나는 우유를 냉장고 안에 두었다.

단어 出生 chūshēng 동 태어나다, 출생하다 | 村子 cūnzi 명 마을, 농촌

확인 학습

앞에서 배운 어법을 활용하여 아래 제시된 단어를 배열해 보세요.

❶ 伤心   使   这首歌   我
_____
이 노래는 나를 슬프게 한다.

❷ 我们   这件事   好好儿   值得   思考一下
_____
이 일은 우리가 잘 생각해 볼 만한 가치가 있다.

❸ 把这份礼物   送   朋友   给   我要
_____
나는 이 선물을 친구에게 줄 것이다.

정답 확인
❶ 这首歌使我伤心。 ❷ 这件事值得我们好好儿思考一下。 ❸ 我要把这份礼物送给朋友。

표현 트레이닝

☑ 주요 표현을 익히고 응용해 보세요.

❶

> 如今免疫力变得尤其重要。
> Rújīn miǎnyìlì biàn de yóuqí zhòngyào.
> 요즘엔 면역력이 특히 중요해졌죠.

분석하기

如今	免疫力	变得	尤其重要
오늘날	면역력은	~하게 변하다	특히 중요하다

핵심표현 부사 '尤其'는 '특히, 더욱'이라는 뜻으로 형용사나 동사 앞에 쓰여 정도가 한층 더함을 나타냅니다. 전체 중에 특히 두드러짐을 표현합니다.

我喜欢吃水果，尤其喜欢草莓。
Wǒ xǐhuan chī shuǐguǒ, yóuqí xǐhuan cǎoméi.
나는 과일을 좋아하는데, 특히 딸기를 좋아한다.

> 그녀는 영화를 좋아하는데, 특히 로맨스 영화를 좋아한다. (로맨스 영화 爱情片)
> → _____

❷

> 为了健康，必须使室内环境保持清洁。
> Wèile jiànkāng, bìxū shǐ shìnèi huánjìng bǎochí qīngjié.
> 건강을 위해서, 집 안 환경부터 깨끗하게 만들어줘야 하잖아요.

분석하기

为了健康	必须	使室内环境	保持	清洁
건강을 위해서	반드시 ~해야 한다	실내환경을 ~하게 만들다	유지하다	청결하다

핵심표현 부사 '必须'는 '반드시 ~해야 한다'라는 뜻으로, 사실 혹은 도리에 따라 반드시 어떤 일을 해야함을 나타냅니다.

明天上课之前，大家必须把作业交上来。
Míngtiān shàngkè zhīqián, dàjiā bìxū bǎ zuòyè jiāo shànglai.
내일 수업 전에, 모두들 반드시 숙제를 제출해야 합니다.

> 비행기를 타면 반드시 휴대 전화를 꺼야 한다. (비행기를 타다 上飞机 / 전원을 끄다 关机)
> → _____

✔ 모범 답안은 136p에서 확인하세요.

 작문 트레이닝

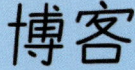 학습한 어법과 표현을 활용하여 다음 문장을 스스로 중작해 보세요.

블로그 쓰기 (3) 제품 리뷰

博客

요즘엔 면역력이 특히 중요해졌죠. 건강을 위해서, 집 안 환경부터 깨끗하게 만들어줘야 하잖아요.

저는 심각한 비염을 앓고 있어서, 먼지가 조금만 있어도 재채기랑 기침을 하거든요.

그런데 지금은 로봇 청소기가 있어서, 방을 정말 깨끗하게 청소해서,

저의 일상이 훨씬 수월해졌어요.

로봇 청소기는 저의 시간과 에너지를 아껴주는

참 고마운 발명품이랍니다.

청소 스트레스로 고생하시는 분들에게

로봇 청소기 강력 추천합니다.

 | | 1 | 1

✔ 모범 답안은 136p에서 확인하세요.

Chapter 18 다이어리 쓰기 (1) 코로나 일상

단어 트레이닝

주요 단어를 확실히 나의 것으로 만들어 보세요.　　Track 18-01

한자	병음	뜻
新冠疫情	xīnguān yìqíng	코로나 19
网课	wǎngkè	명 온라인 수업
全	quán	형 온, 전체의, 모든
变成	biànchéng	~로 변하다
宅男	zháinán	명 집돌이
宅女	zháinǚ	명 집순이
一整天	yìzhěngtiān	하루 종일
进行	jìnxíng	동 (어떠한 활동을) 하다
洗碗	xǐwǎn	설거지하다
战争	zhànzhēng	명 전쟁
转眼	zhuǎnyǎn	동 눈 깜짝할 사이에, 어느덧
又	yòu	부 또, 다시
春游	chūnyóu	명 봄나들이 　동 봄나들이하다
野营	yěyíng	명 캠핑, 야영 　동 야영하다
玩水	wánshuǐ	물놀이
地方	dìfang	명 곳, 장소
光	guāng	부 ~만, 단지, 오직
摘	zhāi	동 (착용하고 있거나 걸려 있는 물건을) 벗다, 벗기다, 떼다
出门	chūmén	동 외출하다
更加	gèngjiā	부 더욱 더
明白	míngbai	동 깨닫다, 이해하다
珍贵	zhēnguì	형 소중하다, 진귀하다, 귀중하다

작문 워밍업

다음 문장을 보고 우리말에 맞게 중국어로 작문해 보세요. Track 18-02

因新冠疫情而开始的新日常生活。

코로나로 시작된 새로운 일상.

因为在家办公和上网课，❶_____。

재택근무와 온라인 수업으로 온 가족이 모두 집콕이다.

一整天都在进行做饭和洗碗的战争，❷_____。

하루 종일 식사와 설거지와의 전쟁, 눈 깜짝할 사이 또 식사 시간이다.

春游、野营、玩水等，❸_____。

봄나들이, 캠핑, 물놀이 등 코로나가 끝나면 가고 싶은 곳, 하고 싶은 것을 적어본다.

不，❹_____。

아니, 그냥 마스크만 벗고 다녀도 행복할 것 같다.

多亏新冠疫情，❺_____。

코로나 덕분에 일상의 소중함을 더욱 깨닫게 되었다.

❶ 所以全家人都变成了宅男宅女 ❷ 转眼又是吃饭时间 ❸ 写下疫情结束后想去的地方和想做的事情 ❹ 光是摘下口罩出门也会很幸福 ❺ 我更加明白了日常生活的珍贵

어법 트레이닝

주요 어법을 알아보며 실력을 쌓아 보세요.

①

> 因新冠疫情而开始的新日常生活。
> Yīn xīnguān yìqíng ér kāishǐ de xīn rìcháng shēnghuó.
> 코로나로 시작된 새로운 일상.

| 因 | + | 원인 | + | 而 | + | 결과 |

💡 '因……而……'은 '~로 인해 그래서 ~하다'라는 의미로, '因' 뒤에는 원인, '而' 뒤에는 결과를 나타내는 표현이 옵니다.

他父亲因病而死。
Tā fùqin yīn bìng ér sǐ.
그의 아버지는 병으로 돌아가셨다.

现在的大学生因就业问题而烦恼。
Xiànzài de dàxuéshēng yīn jiùyè wèntí ér fánnǎo.
요즘 대학생은 취업 문제로 고민이 많다.

단어 父亲 fùqin 몡 아버지, 부친 | 烦恼 fánnǎo 몡 고민하다

②

> 全家人都变成了宅男宅女。
> Quán jiārén dōu biànchéng le zháinán zháinǚ.
> 온 가족이 모두 집콕이다.

| 全 | + | 명사 |

💡 형용사 '全'은 '온, 전체의, 모든'이라는 뜻으로, 명사를 수식하는 역할을 합니다. 단, 명사 앞에 구조조사 '的'를 동반하지 않습니다.

全家人都很开心。
Quán jiārén dōu hěn kāixīn.
온 가족이 즐거워한다.

全国一共有多少个城市？
Quán guó yígòng yǒu duōshao ge chéngshì?
전국에 도시가 총 얼마나 있나요?

단어 一共 yígòng 튀 총, 전부 | 城市 chéngshì 몡 도시

❸
> 光是摘下口罩出门也会很幸福。
> Guāng shì zhāixià kǒuzhào chūmén yě huì hěn xìngfú.
> 그냥 마스크만 벗고 다녀도 행복할 것 같다.

| 光 | + | 동사/형용사 |

💡 '光'이 부사로 쓰일 경우 '~만, 단지, 오직'이라는 뜻으로, 동사나 형용사 앞에 놓여 범위를 한정하는 역할을 합니다. 부사 '只'과 쓰임이 같습니다.

我最不喜欢光说不做的人。
Wǒ zuì bù xǐhuan guāng shuō bú zuò de rén.
나는 말만 하고 행동하지 않는 사람을 가장 좋아하지 않는다.

我觉得光忧虑是没有用的。
Wǒ juéde guāng yōulǜ shì méiyǒu yòng de.
나는 걱정하기만 하는 것은 소용없다고 생각한다.

단어 忧虑 yōulǜ 통 걱정하다, 염려하다

확인 학습

앞에서 배운 어법을 활용하여 아래 제시된 단어를 배열해 보세요.

❶ 引起　而　工作失误　因　重大事故

_____

업무상 실수로 인해 아주 큰 사고가 났다.

❷ 一共　35人　班　全　有

_____

반 전체에 총 35명이 있다.

❸ 不能　节食　光　不运动　减肥

_____

식단 조절만 하고 운동하지 않으면 다이어트가 되지 않는다.

정답 확인
❶ 因工作失误而引起重大事故。　❷ 全班一共有35人。　❸ 光节食不运动不能减肥。

표현 트레이닝

☑ 주요 표현을 익히고 응용해 보세요.

❶

> 一整天都在进行做饭和洗碗的战争。
> Yì zhěngtiān dōu zài jìnxíng zuòfàn hé xǐwǎn de zhànzhēng.
> 하루 종일 식사와 설거지와의 전쟁.

분석하기

一整天都	在进行	做饭和洗碗的	战争
하루 종일 전부	~을(를) 하고 있는 중이다	식사 준비와 설거지를 하는	전쟁

핵심표현 '一整天'은 '하루 종일'이라는 뜻으로, 주로 뒤에 '都'를 동반하여 어떠한 동작이나 상태가 온종일 내내 지속됨을 강조합니다.

> 我昨天一整天都呆在家里。
> Wǒ zuótiān yìzhěngtiān dōu dāi zài jiā li.
> 나는 어제 하루 종일 집에만 있었다.

오늘 하루 종일 비가 내리고 있다.

→ _____

❷

> 转眼又是吃饭时间。
> Zhuǎnyǎn yòu shì chīfàn shíjiān.
> 눈 깜짝할 사이 또 식사 시간이다.

분석하기

转眼	又是	吃饭时间
눈 깜짝할 사이에	또 ~이다	식사 시간

핵심표현 '转眼'은 '눈 깜짝할 사이에, 어느덧'이라는 뜻으로, 아주 짧은 시간을 의미합니다. 주로 뒤에 '又'를 동반하여 '눈 깜짝할 사이에 또 ~이다'라는 의미를 나타냅니다.

> 转眼三十岁了。
> Zhuǎnyǎn sānshí suì le.
> 눈 깜짝할 사이에 서른이 되었다.

눈 깜짝할 사이에 또 겨울이 왔다.

→ _____

✔ 모범 답안은 136p에서 확인하세요.

작문 트레이닝

학습한 어법과 표현을 활용하여 다음 문장을 스스로 중작해 보세요.

다이어리 쓰기 (1) 코로나 일상

코로나로 시작된 새로운 일상.

재택근무와 온라인 수업으로 온 가족이 모두 집콕이다.

하루 종일 식사와 설거지와의 전쟁, 눈 깜짝할 사이 또 식사 시간이다.

봄나들이, 캠핑, 물놀이 등 코로나가 끝나면 가고 싶은 곳, 하고 싶은 것을 적어본다.

아니, 그냥 마스크만 벗고 다녀도 행복할 것 같다.

코로나 덕분에 일상의 소중함을 더욱 깨닫게 되었다.

✔ 모범 답안은 136p에서 확인하세요.

Chapter 19 다이어리 쓰기 (2) 재테크

단어 트레이닝

주요 단어를 확실히 나의 것으로 만들어 보세요.   Track 19-01

한자	병음	뜻
关注	guānzhù	동 관심을 가지다, 주시하다
理财	lǐcái	동 재테크하다, 재정을 관리하다
以来	yǐlái	명 이래, 동안
花钱	huā qián	돈을 쓰다
如何	rúhé	대 어떻게
管理	guǎnlǐ	동 관리하다
攒钱	zǎn qián	돈을 모으다
发财	fācái	동 돈을 벌다
却	què	부 오히려
毫	háo	부 전혀, 조금도
在意	zàiyì	동 신경 쓰다, 마음에 두다
工资	gōngzī	명 월급, 급여
经过	jīngguò	동 거치다, 통과하다
存折	cúnzhé	명 통장
数字	shùzì	명 숫자
空	kōng	형 비다, 내용이 없다
强制	qiángzhì	동 강제하다
储蓄	chǔxù	명 저축
控制	kòngzhì	동 통제하다, 억제하다
支出	zhīchū	명 지출
一大笔钱	yí dà bǐ qián	목돈
赚	zhuàn	동 (돈을) 벌다, (이익을 남겨) 벌다

작문 워밍업

📝 다음 문장을 보고 우리말에 맞게 중국어로 작문해 보세요. 🎧 Track 19-02

我现在也 ❶ _____ 。

나도 이제 재테크에 관심을 가져야겠다.

❷ _____ ，对如何管理钱、攒钱、发财却毫不在意。

지금까지 돈 쓸 줄만 알았지 어떻게 관리하고 모으고 불리는지 전혀 신경을 안 썼다.

每月的工资都只是经过存折的数字，❸ _____ 。

매달 월급은 통장을 스쳐 지나가는 숫자일 뿐이고, 통장은 또 텅텅 비게 된다.

强制储蓄！控制支出！❹ _____ ！

강제 저축! 지출 통제! 목돈 마련!

❺ _____ ！

오늘도 내일도 덜 쓰고 더 벌자!

---

❶ 该关注理财了 ❷ 一直以来只知道花钱 ❸ 存折很快就又变得空空的
❹ 准备攒一大笔钱 ❺ 今天和明天，都少花点钱多赚点钱吧

어법 트레이닝

📝 주요 어법을 알아보며 실력을 쌓아 보세요.

❶
> 我现在也该关注理财了。
> Wǒ xiànzài yě gāi guānzhù lǐcái le.
> 나도 이제 재테크에 관심을 가져야겠다.

该 + 동사(구) + 了

💡 '该……了'는 '~해야겠다, ~할 때가 되었다'라는 의미로, '该'와 '了' 사이에는 동사나 동사구가 위치합니다.

都这么晚了，我该回家了。
Dōu zhème wǎn le, wǒ gāi huíjiā le.
벌써 이렇게 늦었네, 나 집에 가야겠다.

今年3月我该体检了。
Jīnnián sān yuè wǒ gāi tǐjiǎn le.
이번 연도 3월에 나는 건강 검진을 받아야겠다.

단어 体检 tǐjiǎn ⑧ 건강 검진을 받다

❷
> 一直以来只知道花钱。
> Yìzhí yǐlái zhǐ zhīdao huā qián.
> 지금까지 돈 쓸 줄만 알았다.

과거의 어떤 시점 + 以来

💡 방위사 '以来'는 '~이래로'라는 뜻으로, 과거의 어떠한 시점으로부터 지금까지의 일정 기간을 나타냅니다. '从', '自' 등의 전치사와 함께 쓰이기도 합니다.

今年年初以来已经出差四次。
Jīnnián niánchū yǐlái yǐjīng chūchāi sì cì.
올해 초 이래로 이미 네 번이나 출장 갔다 왔다.

从2008年以来，中国发生了很大变化。
Cóng èr líng líng bā nián yǐlái, Zhōngguó fāshēng le hěn dà biànhuà.
2008년 이래로 중국에 많은 변화가 생겼다.

단어 年初 niánchū ⑲ 연초 | 出差 chūchāi ⑧ 출장하다 | 发生 fāshēng ⑧ 발생하다 | 变化 biànhuà ⑲ 변화

❸
> 对如何管理钱、攒钱、发财却毫不在意。
> Duì rúhé guǎnlǐ qián、zǎn qián、fācái què háobú zàiyì.
> 돈을 어떻게 관리하고 모으고 불리는지 전혀 신경을 안 썼다.

| 毫 | + | 不 | + | 동사/형용사 |

💡 '毫不'는 '조금도 ~하지 않다, 전혀 ~하지 않다'라는 의미로, '조금도'라는 뜻의 부사 '毫'와 부정부사 '不'가 결합한 형태입니다. '毫'는 부정 형식으로만 쓰이기 때문에 항상 '不'와 함께 동사나 형용사 앞에 쓰입니다.

他毫不犹豫地同意了我的计划。
Tā háobù yóuyù de tóngyì le wǒ de jìhuà.
그는 조금도 망설이지 않고 나의 계획에 동의하였다.

她毫不慌张地回答了。
Tā háobù huāngzhāng de huídá le.
그녀는 조금도 당황하지 않고 대답했다.

단어 犹豫 yóuyù 형 망설이다 | 慌张 huāngzhāng 형 당황하다 | 回答 huídá 동 대답하다

✏️ 확인 학습

앞에서 배운 어법을 활용하여 아래 제시된 단어를 배열해 보세요.

❶ 吃   该   了   晚饭

_____

저녁밥 먹을 때가 됐어.

❷ 我都以为   好朋友   一直以来   我的   你是

_____

지금까지 줄곧 나는 네가 나의 친한 친구인 줄 알았어.

❸ 犹豫   辞职了   我   地   毫不

_____

나는 조금도 망설이지 않고 퇴사하였다.

정답 확인
❶ 该吃晚饭了。 ❷ 一直以来，我都以为你是我的好朋友。 ❸ 我毫不犹豫地辞职了。

표현 트레이닝

☑ 주요 표현을 익히고 응용해 보세요.

❶

> 对如何管理钱、攒钱、发财却毫不在意。
> Duì rúhé guǎnlǐ qián、zǎn qián、fācái què háobú zàiyì.
> 돈을 어떻게 관리하고 모으고 불리는지 전혀 신경을 안 썼다.

분석하기

对	如何管理钱	攒钱	发财	却	毫不在意
~에 대해	어떻게 돈을 관리하고	돈을 모으고	돈을 불리는지	오히려	전혀 신경 쓰지 않았다

핵심표현 '如何'는 '어떻게'라는 뜻으로 동사 앞에 쓰여 방식을 묻는 역할을 합니다. '怎么'가 구어라면, '如何'는 서면어입니다.

> 如何回答你，才会让你满意呢？
> Rúhé huídá nǐ, cái huì ràng nǐ mǎnyì ne?
> 너에게 어떻게 대답해야 네가 만족하겠니?

이 문제는 어떻게 해결해야 할까? (~해야 한다 该 / 해결하다 解决)

→ _____

❷

> 准备攒一大笔钱！
> Zhǔnbèi zǎn yí dà bǐ qián!
> 목돈 마련(목돈을 모으고자 한다)!

분석하기

准备	攒	一大笔钱
준비하다	모으다	목돈을

핵심표현 '笔'는 돈, 재산 등을 세는 양사입니다. 이런 양사 앞에 '大'가 붙을 경우, 그 양이 아주 많음을 나타냅니다. 따라서 '一大笔钱'은 '아주 큰돈, 목돈'을 의미합니다.

> 如何赚到一大笔钱？
> Rúhé zhuàndào yí dà bǐ qián?
> 어떻게 큰돈을 법니까?

나는 아주 큰돈을 벌 거야!

→ _____

✔ 모범 답안은 137p에서 확인하세요.

작문 트레이닝

학습한 어법과 표현을 활용하여 다음 문장을 스스로 중작해 보세요.

다이어리 쓰기 (2) 재테크

나도 이제 재테크에 관심을 가져야겠다.
지금까지 돈 쓸 줄만 알았지
어떻게 관리하고 모으고 불리는지 전혀 신경을 안 썼다.
매달 월급은 통장을 스쳐 지나가는 숫자일 뿐이고,
통장은 또 텅텅 비게 된다.
강제 저축! 지출 통제! 목돈 마련!
오늘도 내일도 덜 쓰고 더 벌자!

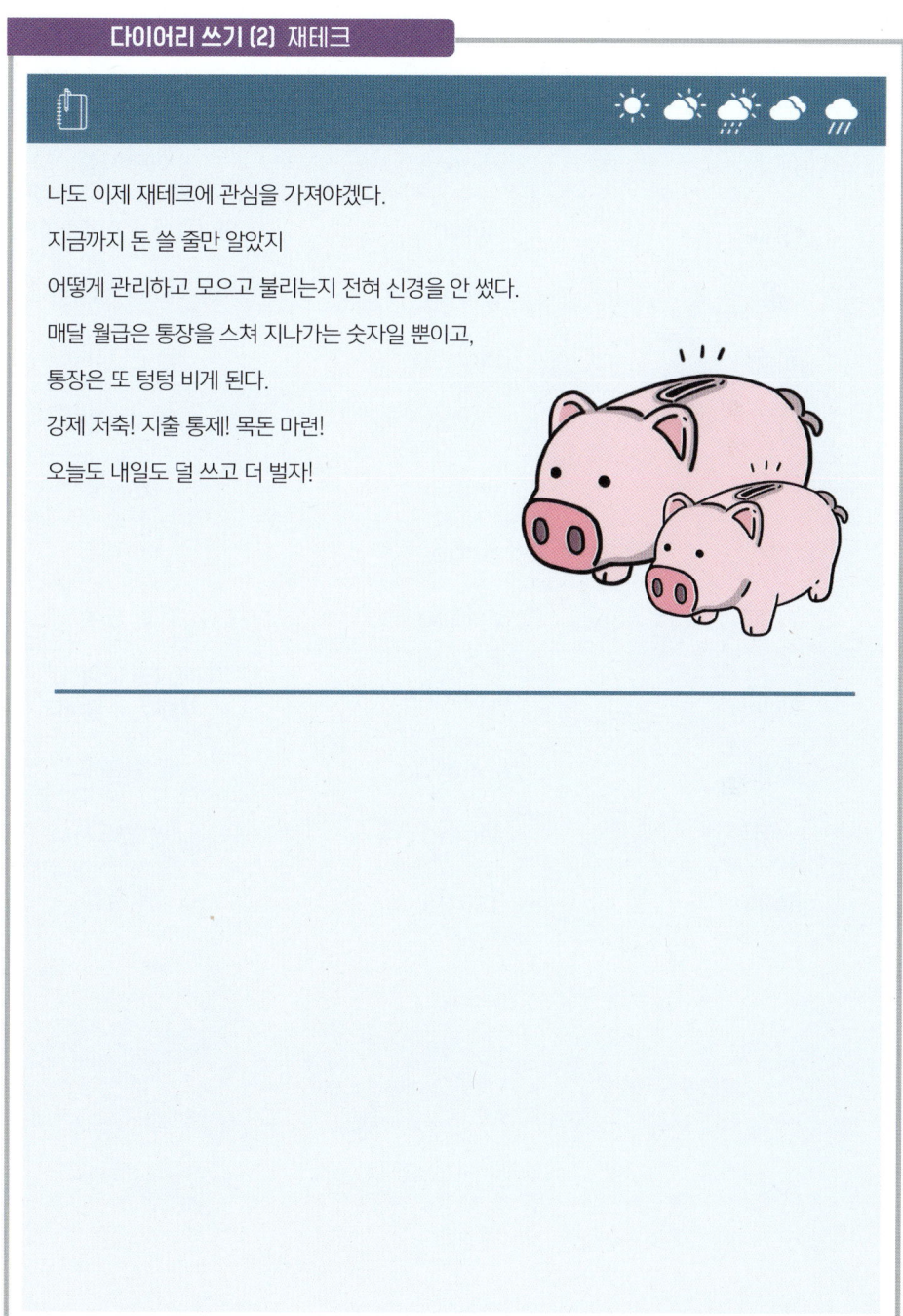

✔ 모범 답안은 137p에서 확인하세요.

다이어리 쓰기 (3) 미니멀 라이프

단어 트레이닝

주요 단어를 확실히 나의 것으로 만들어 보세요. Track 20-01

한자	병음	뜻
有人	yǒurén	어떤 사람
极简	jíjiǎn	미니멀, 지극히 간단하다
省	shěng	동 아끼다, 절약하다
简单	jiǎndān	형 간단하다
自在	zìzài	형 자유롭다
物品	wùpǐn	명 물품
少	shǎo	형 적다
思想	sīxiǎng	명 생각
轻松	qīngsōng	형 (일 따위가) 가볍다, 수월하다
重要	zhòngyào	형 중요하다
一定	yídìng	부 반드시
品质	pǐnzhì	명 품질

작문 워밍업

다음 문장을 보고 우리말에 맞게 중국어로 작문해 보세요. 🎧 Track 20-02

❶ _____ ；也有人说，极简可以省时间。

어떤 사람은 미니멀 라이프가 돈을 아낄 수 있다고 하고, 또 어떤 사람은 시간을 아낄 수 있다고 한다.

对我来说，❷ _____ 。

나에게 있어서, 미니멀 라이프는 내 삶을 간단하고 자유롭게 해주었다.

物品少了，❸ _____ 。

물품이 적어지니 생각도 더 가벼워졌다.

❹ _____ 。

미니멀 라이프는 내가 중요한 것에 더 집중할 수 있게 해주었다.

不一定是贵的，但一定是品质好的——❺ _____ ！

꼭 비싼 건 아니지만, 품질 좋은 것으로, 베스트만 가지고 심플하게 살자!

---

❶ 有人说，极简可以省钱　❷ 极简让我的生活变得简单、自在　❸ 思想也轻松多了　❹ 极简让我更关注重要的东西　❺ 用最好的东西来简单地生活吧

어법 트레이닝

주요 어법을 알아보며 실력을 쌓아 보세요.

❶
> 对我来说，极简让我的生活变得简单、自在。
> Duì wǒ láishuō, jíjiǎn ràng wǒ de shēnghuó biàn de jiǎndān、zìzài.
> 나에게 있어서, 미니멀 라이프는 내 삶을 간단하고 자유롭게 해주었다.

对 + 사람 + 来说

💡 '对……来说'는 '~에게 있어서, ~의 입장에서 말하자면'이라는 의미로, 누군가의 입장에서 상황을 분석할 때 사용하는 표현입니다. 일반적으로 문장 맨 앞에 위치합니다.

对你来说很容易，对我来说可太难了。
Duì nǐ láishuō hěn róngyì, duì wǒ láishuō kě tài nán le.
너에게는 쉽지만, 나에게는 정말 너무 어렵다.

对外国人来说，中文很难学。
Duì wàiguórén láishuō, Zhōngwén hěn nán xué.
외국인의 입장에서 말하자면, 중국어는 배우기 어렵다.

단어 容易 róngyì ⑱ 쉽다, 수월하다 | 可 kě ⑨ 강조하는 역할을 함

❷
> 思想也轻松多了。
> Sīxiǎng yě qīngsōng duō le.
> 생각도 더 가벼워졌다.

술어 + 多了

💡 정도보어의 기본 형식인 '술어+得+정도보어' 외에도 '술어+多了' 형태로 사용하여 정도가 심함을 나타낼 수 있습니다.

我比以前胖多了。
Wǒ bǐ yǐqián pàng duō le.
나는 전보다 훨씬 뚱뚱해졌다.

不戴口罩舒服多了。
Bú dài kǒuzhào shūfu duō le.
마스크를 끼지 않으니 훨씬 편하다.

단어 胖 pàng ⑱ 뚱뚱하다

❸
> 用最好的东西来简单地生活吧!
> Yòng zuì hǎo de dōngxi lái jiǎndān de shēnghuó ba!
> 베스트만 가지고 심플하게 살자!

| 用 | + | 방법/방향/태도 | + | 来 | + | 목적 |

💡 '用……来……'는 '~으로 ~하다'라는 의미로, '用'이 이끄는 구는 방법이나 방향, 태도를 나타내고, '来'가 이끄는 구는 목적을 나타냅니다.

用什么来表达我的心情?
Yòng shénme lái biǎodá wǒ de xīnqíng?
무엇으로 내 기분을 표현하지?

我想用正确的方式来做事。
Wǒ xiǎng yòng zhèngquè de fāngshì lái zuò shì.
나는 옳은 방식으로 일을 처리하고 싶다.

단어 表达 biǎodá 동 표현하다 | 正确 zhèngquè 형 옳다, 정확하다 | 方式 fāngshì 명 방식

✏️ 확인 학습

앞에서 배운 어법을 활용하여 아래 제시된 단어를 배열해 보세요.

❶ 早起早睡   来说   很难   对我

_____

나에게 있어, 일찍 자고 일찍 일어나는 건 어렵다.

❷ 本人   好看   比   多了   照片

_____

실물이 사진보다 훨씬 예쁘다.

❸ 语气   来批评   不要   孩子   用严厉的

_____

엄한 말투로 아이를 꾸짖으면 안 된다.

정답 확인
❶ 对我来说,早起早睡很难。 ❷ 本人比照片好看多了。 ❸ 不要用严厉的语气来批评孩子。

표현 트레이닝

☑ 주요 표현을 익히고 응용해 보세요.

❶

> 有人说，极简可以省钱。
> Yǒurén shuō, jíjiǎn kěyǐ shěng qián.
> 어떤 사람은 미니멀 라이프가 돈을 아낄 수 있다고 한다.

분석하기

有人说	极简	可以省钱
어떤 사람은 말한다	미니멀 라이프가	돈을 아낄 수 있다고

핵심표현 '有人'은 '어떤 사람, 어떤 이'라는 뜻으로 불특정한 사람들을 가리킵니다. '有'는 '人', '时候', '地方' 등의 단어 앞에 쓰여 일부분을 나타냅니다.

有时候，我感觉很孤独。
Yǒushíhou, wǒ gǎnjué hěn gūdú.
어떤 때 나는 외로움을 느낀다.

어떤 사람은 외향적이고, 어떤 사람은 내향적이다. (외향적이다 **外向** / 내향적이다 **内向**)

→ _____

❷

> 不一定是贵的，但一定是品质好的。
> Bù yídìng shì guì de, dàn yídìng shì pǐnzhì hǎo de.
> 꼭 비싼 건 아니지만, 반드시 품질이 좋은 것이어야 한다.

분석하기

不一定是	贵的，	但	一定是	品质好的
반드시 ~인 것은 아니다	비싼 것	그러나	반드시 ~이다	품질이 좋은 것

핵심표현 '不一定'은 '꼭 ~한 것은 아니다'라는 의미로, '一定'의 부정형입니다. 긍정도 아니고 부정도 아니지만, 부정에 가까운 표현입니다.

喜欢不一定合适。
Xǐhuan bù yídìng héshì.
좋아한다고 꼭 어울리는 건 아니다.

속담이 꼭 다 맞는 것은 아니다. (속담 **俗话**)

→ _____

작문 트레이닝

학습한 어법과 표현을 활용하여 다음 문장을 스스로 중작해 보세요.

다이어리 쓰기 (3) 미니멀 라이프

어떤 사람은 미니멀 라이프가 돈을 아낄 수 있다고 하고,

또 어떤 사람은 시간을 아낄 수 있다고 한다.

나에게 있어서, 미니멀 라이프는 내 삶을 간단하고 자유롭게 해주었다.

물품이 적어지니 생각도 더 가벼워졌다.

미니멀 라이프는 내가 중요한 것에 더 집중할 수 있게 해주었다.

꼭 비싼 건 아니지만, 품질 좋은 것으로,

베스트만 가지고 심플하게 살자!

minimal life

✔ 모범 답안은 137p에서 확인하세요.

부록 모범 답안

Chapter 1　문자 메시지 쓰기 (1)　새해 인사

✅ 표현 트레이닝

❶ 吃完饭后，不要立刻躺着。

❷ 祝您周末愉快。

📝 작문 트레이닝

> 多灾多难的一年过去后，春节就要到了。
>
> 感谢您去年给我的关心和帮助。
>
> 祝您在新的一年里身体健康，平安幸福。
>
> 也祝您工作顺利，万事如意。
>
> 新年快乐！

Chapter 2　문자 메시지 쓰기 (2)　감사 인사

✅ 표현 트레이닝

❶ 没想到他有这样的烦恼。

❷ 多亏你的帮助，我提前完成了工作。

📝 작문 트레이닝

> 老师，我通过了HSK4级！
>
> 本来以为听力会非常低，很担心，但没想到得了260分。
>
> 多亏老师教得好，既简单又有趣。十分感谢您。
>
> 以后5级也会努力的！
>
> 老师，今天也要注意身体，祝您今天愉快！

Chapter 3　문자 메시지 쓰기 (3)　약속 취소

표현 트레이닝

❶ 女儿好像有点儿不高兴。
❷ 我一定要成功。

작문 트레이닝

泰贞，真不好意思。
我好像要感冒，今天不能见面了。
最近公司工作很忙，每天加班，可能是因为太累了。
今天从早上一直忙到现在，要早点回家休息。
下周我一定找时间陪你。下周见吧。

Chapter 4　카드 쓰기　생일 축하 카드

표현 트레이닝

❶ 今天又下雨了。
❷ 妈妈会理解我的。

작문 트레이닝

祝你生日快乐！
又长了一岁，感觉怎么样？
不管怎么样你都很好看，哈哈哈！
今天你想做什么就做什么吧，我陪你！
这是我的一点儿心意，希望你会喜欢。

Chapter 5 편지 쓰기 어버이날 편지

✅ 표현 트레이닝

❶ 我会尽快处理的。

❷ 我只去过一次。

📝 작문 트레이닝

> 亲爱的爸妈
>
> 爸妈！因为我是爸爸妈妈的女儿，真的很幸福，谢谢。
>
> 明年会尽快就业，让父母享福的。
>
> 对不起，只在父母节那天是孝女。
>
> 我爱你们，祝你们健康长寿，快乐地生活。

Chapter 6 댓글 쓰기 유튜브 영상

✅ 표현 트레이닝

❶ 这部电视剧超好看！

❷ 这个办法太好了。

📝 작문 트레이닝

> 演技真的好棒！真是让人着迷！
>
> 新歌超好听。除了主打歌以外，其它歌曲也很好。
>
> 这个动图太可爱了。谢谢分享。
>
> 太期待这部剧了。希望此剧大发！
>
> 初雪的时候，怎么能没有炸鸡和啤酒！我都被洗脑了。

Chapter 7　　SNS 피드 쓰기 (1)　　새해 다짐

✅ 표현 트레이닝

❶ 这部电影我已经看过了。

❷ 他怕迟到，六点就起床了。

📝 작문 트레이닝

> "早起的奇迹"已经挑战一周了。
>
> 从"凌晨例行活动"开始新的一天。
>
> 一杯热水，拉伸运动，读书，计划今天要做的事情。
>
> 每天过着同样的生活，不要成为"希望明天会特别"的人。
>
> 我想成为我能做到的最好的自己。加油！
>
> 不要着急，不要停下！（不怕慢，只怕站！）

Chapter 8　　SNS 피드 쓰기 (2)　　일상 공유

✅ 표현 트레이닝

❶ 爷爷常常体力不支。

❷ 大家都很累，但还是充满热情。

📝 작문 트레이닝

> 今年冬天雪下得真大。
>
> 今天也是冰雪奇缘！
>
> 外面大雪纷飞，整个世界都在变白。
>
> 我努力滚动雪球，堆了两个小雪人，就体力不支了！
>
> 但还是和雪人一起可爱地拍了张照，咔嚓！留下大雪中的回忆。

Chapter 9　브이로그 자막 쓰기 (1)　직장인 생활

표현 트레이닝

① 怪不得你没来上学，原来你感冒了。
② 他是我们公司必不可少的人。

작문 트레이닝

> 啊！没戴口罩就出来了，怪不得呼吸这么舒服！
>
> 很多同事选择在家办公，所以办公室很安静。
>
> 来吃午饭了。午饭时间最开心！
>
> 吃完饭去便利店必不可少。买回来甜味零食，重新回到办公室！
>
> 今天准时下班，来运动了。虽然累，但运动完就有了精神。

Chapter 10　브이로그 자막 쓰기 (2)　여행 기록

표현 트레이닝

① 你们尽情地玩吧！
② 翻译其本身就是一种创作。

작문 트레이닝

> 为了让自己感受到幸福，我正在旅行。
>
> 尽情地观赏海边的美景，看到广阔的草原，大脑一片清爽。
>
> 慢慢走着，见到了美丽的晚霞。
>
> 旅行让我变得更从容，也让我的心更宽容。
>
> 旅行是前往目的地的过程，但其本身好像就是一种补偿。

Chapter 11　게시글 쓰기 (1)　인터넷 쇼핑몰 상품 관련 문의

표현 트레이닝

❶ 我爸爸身高一米九。

❷ 从你家到这里需要多长时间？

작문 트레이닝

身高一米七，体重八十公斤，要买多大号的？尺码偏大吗？

今天可以出货吗？什么时候能发货呢？

请发送后告知运单号。配送需要多长时间？

订购了两个收到了一个，请确认一下。

请问，因为快递太慢，可以取消吗？

Chapter 12　게시글 쓰기 (2)　중고마켓 중고 제품 팔기

표현 트레이닝

❶ 这款包是限量版吗？

❷ 他在合同上签了字。

작문 트레이닝

这款黑色连衣裙端庄大方，适合参加各种聚会。

曾在朋友婚礼上穿过一次。

干洗后保管中，状态最佳。

趁整理东西的机会便宜出手。

直接交易，请到麻谷站，需要快递的话，另加3,500韩元。

Chapter 13 이메일 쓰기 (1) 예약취소 메일

표현 트레이닝

① 有效期为三个月。
② 要是有机会，我想和你一起看海。

작문 트레이닝

尊敬的负责人，您好！

我于2020年3月5日预定了5月10日至15日的贵酒店房间，预约号码为5678。

但是，由于疫情期间政府限制外国人入境的措施，我不能入境。

因此，我请求取消预订并全额退款。

希望事态尽快好转，以后要是有机会再入住贵酒店。敬待您的回复。

Chapter 14 이메일 쓰기 (2) 업무 관련 메일

표현 트레이닝

① 您发给我的报价，已收悉。
② 等待您的回复。

작문 트레이닝

尊敬的OOO：您好！您发给我的电子邮件，已收悉。

我把我的资料放在附件里了，请查收。

若有疑问，请随时与我联系。

希望尽快收到您的回复。谢谢。

祝您身体健康，工作顺利！此致敬礼。

Chapter 15　블로그 쓰기 (1)　요리 레시피

표현 트레이닝

❶ 要做成一件事，首先必须有自信。
❷ 我们先讨论一下，然后再做决定。

작문 트레이닝

只要有麻辣酱，在家也可以简单地做美味的麻辣香锅。

材料呢，自己想放什么就放什么，冰箱里有什么就准备什么。

蔬菜、肉、海鲜、蘑菇、年糕、粉条等等。

首先用热油炒葱和大蒜，让它们散发香味。

然后把准备好的材料都放锅里炒一下就可以了。

所有的材料配料都炒熟，就做成麻辣香锅了！

Chapter 16　블로그 쓰기 (2)　드라마 리뷰

표현 트레이닝

❶ 我最近迷上了中国明星。
❷ 我想去KTV唱通宵。

작문 트레이닝

最近迷上了台湾电视剧《想见你》。《想见你》与其说是青春剧，

不如说是时空穿越剧加上一些青春剧情的电视剧。

剧本、导演、演技、影像美、OST等都很完美。

从周日上午开始看，通宵看了到周一凌晨4点半。

真希望疫情快点结束，去许光汉生活的台湾看看。

Chapter 17　블로그 쓰기 (3)　제품 리뷰

✅ 표현 트레이닝

① 她喜欢看电影，尤其喜欢看爱情片。
② 上飞机必须把手机关机。

📝 작문 트레이닝

> 如今免疫力变得尤其重要。为了健康，必须使室内环境保持清洁。
>
> 我患有严重的鼻炎，只要有一点儿灰尘，也会打喷嚏和咳嗽。
>
> 但是现在有了扫地机器人，房间打扫得非常干净，我的日常生活也更轻松。
>
> 它节省了我的时间和精力，真是个值得感谢的发明。
>
> 强烈推荐给那些苦于清洁压力的人。

Chapter 18　다이어리 쓰기 (1)　코로나 일상

✅ 표현 트레이닝

① 今天一整天都在下雨。
② 转眼又到了冬天。

📝 작문 트레이닝

> 因新冠疫情而开始的新日常生活。
>
> 因为在家办公和上网课，所以全家人都变成了宅男宅女。
>
> 一整天都在进行做饭和洗碗的战争，转眼又是吃饭时间。
>
> 春游、野营、玩水等，写下疫情结束后想去的地方和想做的事情。
>
> 不，光是摘下口罩出门也会很幸福。
>
> 多亏新冠疫情，我更加明白了日常生活的珍贵。

Chapter 19　다이어리 쓰기 (2)　재테크

표현 트레이닝

❶ 这个问题该如何解决？
❷ 我要赚一大笔钱！

작문 트레이닝

> 我现在也该关注理财了。
> 一直以来只知道花钱，对如何管理钱、攒钱、发财却毫不在意。
> 每月的工资都只是经过存折的数字，存折很快就又变得空空的。
> 强制储蓄！控制支出！准备攒一大笔钱！
> 今天和明天，都少花点钱多赚点钱吧！

Chapter 20　다이어리 쓰기 (3)　미니멀 라이프

표현 트레이닝

❶ 有人外向，有人内向。
❷ 俗话不一定都是对的。

작문 트레이닝

> 有人说，极简可以省钱；也有人说，极简可以省时间。
> 对我来说，极简让我的生活变得简单、自在。
> 物品少了，思想也轻松多了。
> 极简让我更关注重要的东西。
> 不一定是贵的，但一定是品质好的——用最好的东西来简单地生活吧！

 **메모장**

메모장

메모장

시원스쿨닷컴